日熾，不勞而獲之觀念到處流行。面對這些現象，我們該用什麼態度去面對它們？作爲一個經濟學者，我們有責任要指出經濟發展所引起的各種問題，也有責任提出解決這些問題的途徑。儘管所建議的解決途徑之可行性不一定很高，但對決策者有參考的價值，藉此可使他們的考慮更爲周全。

這本文集就是在這種理念下，於最近三年內，陸陸續續寫成，並多在國內報章雜誌發表過的。爲了使讀者有較清楚的瞭解，乃根據文章的內容及性質作了系統的歸類，並分成下列八部分：即一、經濟發展的啟示，二、促進經濟升級的途徑，三、經濟自由化落實的意義，四、決策者意識應有的調整，五、房地產問題解決之道，六、對勞工運動的省思，七、海峽兩岸經濟關係之探索，八、經濟發展的社會衝擊。每部分包含四至七篇文章。

這些文章集成之後，承蒙夏道平教授費心篩選，並改正許多不妥及錯誤之處，特藉此機會，向他致最大的謝意。如文中仍有謬誤，全由作者本人負責。于慧淵女士在處理這些文章的初稿時，也幫了很多的忙，這也是作者難以忘懷的。除此，有關報社及雜誌社之慨允集成出版，三民書局之斥資編印，都是使這本文集得以問世的功臣，茲一併在此致謝。

于宗先　敬識

民國七十九年三月

目次

第一部　經濟發展的啓示

外國經濟發展給我們的啟示

俗語說得好：「他山之石可以攻錯」。讀歷史的主要目的，是學習過去人類的經驗，來肆應我們所處的環境，解決遭遇的困難，以免重蹈覆轍，犯下無法彌補的錯誤。戰後，世界經濟產生了相當大的變化，像那些曾富強一時，稱霸世界的國家，而今竟變成外債累累，內外赤字交迫，顯露出式微的跡象；那些曾受上帝眷愛，享用豐腴資源的國家，卻因民不勤奮、官不賢能，竟陷於貧窮的境地；也有些國家，雖天然資源貧乏，而人口眾多，竟因朝野和衷共濟，奮鬪不懈，成爲世界上耀眼的經濟大國。從這些國家經濟演變過程中，所表現的盛衰，我們得到的印象是什麼？我們又學到了些什麼？我們是否也要去嘗試他們所犯的錯誤，還是儘量避免蹈人相同的覆轍？本文的主要目的，就是從已開發國家和開發國家擷取些具啟示意義的教訓，來激勵我們的再接再厲，爲未來的富強康樂，奠定堅固的基礎。

從已開發國家得到的啓示

由於戰後不少西方國家推行社會福利制度，而且頗具成效，人類「從搖籃到墳墓」這條人生旅程遂成爲被保險的旅程。人們在社會福利制度之下，無慮失業之發生，因爲有失業救濟來支應；無慮疾病之發生，因爲有醫藥補助來維持；無慮老年之無依，因爲有養老院來照顧。可是，人類並非全爲善性，在社會上，總有一些人好逸惡勞，喜歡利用這種制度，但不對這種制度做任何貢獻。久而久之，便造成社會上的不公平。譬如說，在社會福利制度下，失業後可領取失業救濟金，這本是件善舉，但是有些失業的人寧願繼續失業，而不肯接受情況稍差的工作。如此一來，肯工作而有所得的人必須交納所得稅，而失業領有救濟的人反而不需交納所得稅。像在加拿大，一家年所得七萬元加幣的家庭要交百分之五〇的所得稅給政府；在瑞典，一位教授的家庭要交百分之六〇的所得稅。由於上述現象的發生，辛勤工作的人受到了懲罰，懶惰不工作的人得到了鼓勵，於是藉故享受社會福利的人愈來愈多，逃避納稅的人也愈來愈多。在政府支出超過收入的情況下，政府預算便產生了赤字。

「從搖籃到墳墓」這段旅程需要政府來安排，但所需費用需社會來承擔。因爲政府的功能祇是重分配，卽一隻手收稅，另隻手再將稅按不同需要分配出去。這種安排如無社會大眾的支持，政府便無財源用來再分配。若硬要分配，非賴發行公債，就是靠發行鈔票，前者造成後代的負擔，後者會引起通貨膨脹，造成社會不安。因此，要建立一個社會福利制度，唯一的條件是每個社會成員，祇要有能力工作，都應對社會做出貢獻。否則，從搖籃到墳墓這段旅程將是崎嶇難行的旅程。

美國採保護主義防止衰敗

人間事，眞是「十年河東，十年河西」。自第一次世界大戰以來，美國標榜的是自由主義，反對的是保護主義，可是自一九八〇年起，美國保護貿易的意識卻愈來愈強。轉變的原因是什麼？因爲美國的對外貿易每年都有逆差，而且愈來愈大，例如前年有一千五百多億美元，去年有一千七百多億美元，今年可能到達一千九百多億美元。這個逆差之產生，一方面是因爲美國的消費支出大於收入，形成「寅吃卯糧」的局面，另方面是因爲美國產品在國際市場上漸失去競爭力。就失去競爭力而言，那是由於美國產品品質日趨低劣而價格又居高不下。產品品質日趨低劣在於勞工的工作態度和品質管理的嚴鬆程度，而價格居高不下則在於工資的提高超出了勞動生產力，而罷工的頻繁又提高了生產成本。因爲今天的世界是個競爭的世界，品質和價格同等重要。美國的消費者在選購產品時，寧願購買高價的外國產品而不購買質差的國產品。況大多數的進口品是品質佳而價格低。當美國產品失去競爭力時，就企業主而言，爲了圖存，就運用其「利益團體」所支持的國會議員爲其提出保護主義的法案；就勞工而言，爲免於失業，也動員其所支持的國會議員支持這些保護貿易的法案。這兩種力量就形成了美國保護主義的滋長。

我們要問：這種保護主義能改善美國的貿易逆差嗎？如果不從減少消費支出著手，僅由保護貿易方面著手，我們相信，美國仍無法挽救那些處於競爭劣勢的產業。最重要的，美國消費者不再享有「消費者剩餘」，而是要忍受高物價，低品質的產品。這種報復性的保護政策可使貿易對手國的經濟一蹶不振，也會使美國的出口成了問題。美國的經驗使我們意識到：我們既然是以貿易爲導向的經濟，應不斷增強國際競爭力。爲此，無論政府或國民不應養成寅吃卯糧，過度消費的行爲。同時要促進科技的發展，提高生產力，不要讓工資的上升率超過生產力的增加率。

減稅和增加福利自相矛盾

西方的已開發國家多實施民主政治，而民主政治就是議會政治。選舉民意代表是耗費金錢的活動。爲了選舉得勝，需要化費大量的金錢。而所需金錢出自個人腰包者固然不少，但大多數是接受「利益團體」的捐獻。因此，爲了爭取選民，問鼎議會，一般政客們通常利用兩種自相矛盾而不爲選民所察的主張。這兩種主張分開來說十分誘人：一種是：「一旦我當選，一定爭取所得稅的降低」。因爲所得稅取自人民，降低他們的所得稅等於增加他們的所得，提高他們的生活享受，自然會受到選民的歡迎和支持；另一種是：「一旦我當選，一定要政府增加福利支出」。這個主張更誘人，因爲誰都想享受更多的福利，而不需付更多的代價。當這些政客進入議會，這兩種互相衝突的主張就會變成法案，要政府貫徹執行。如果執政黨爲了繼續執政，便順應輿情，降低稅率或減少稅目，同時又增加社會福利支出。降低稅率或減少稅目的結果是稅收的減少，而增加福利支出是政府經常支出的增加，在收入不能抵銷支出的情況下，便產生了財政赤字。爲了彌補財政赤字，祇有增發政府公債，讓社會大眾去承擔。公債到期要付息也要還本，在收入不敷支出的情況下，財政赤字就如雪球一樣越滾越大。

今天許多西方國家之所以債臺高築，而利率又居高不下，主要是因爲那兩種不負責任的主張所造成的。我們的國家正邁入民主政治，經常有各種民意代表的選舉。雖然我們的稅負沒西方國家那麼沉重，但仍有人主張要降低稅率；我們的社會福利制度之建立可說剛剛起步，但已有人主張要建立全民保險制度、失業救濟制度等。如果我們沒有源源不斷的財源，如果我們都想減稅、逃稅和漏稅，社會福利制度將成為一塊畫餅，但不能充饑。

對任何國家而言，在其經濟發展之初，人民所得低，徵收所得稅不易，故政府的支出主要賴間接稅來支應。間接稅雖非量能而交的稅，卻是令人不覺疼痛的稅。第二次大戰結束以來，間接稅便受到嚴厲的批評，被認為是一種不公平的稅，而所得稅，尤其累進所得稅便成為大家最讚賞的一種賦稅。許多已開發的國家莫不以所得稅為主要稅源，而且所得稅累進稅率之高，超過百分之六〇的國家比比皆是。大家認為高所得的人應交納較多的稅，低所得的人應交納較少的稅或者不納稅，才是社會的正義。

近年來，西方的財稅觀念也發生了些變化。一般人認為過高的累進稅率並非合理，亦欠公平，因為能有高所得（非從遺產繼承而來）的人，往往是攪腦汁、冒風險，而最辛勞的人。過高的所得稅會抑制他們的冒險行為，也會降低他們的工作熱忱。沒有人冒險創業，就沒有人創造就業機會；沒有人辛勤工作，就難以提高生產力。於是，不少國家紛紛改變賦稅制度，大幅度降低累進稅率，兩年前美國對所得稅法的簡化和降低累進稅率，就是個最好的例證。

任何政治制度之優劣，必須經過相當長時間的考驗。在理論上，所得稅確是種理想的稅，但這種稅的課徵忽略了「人性」。基本上，人性是自私的。在短期內，人可為某一使命而犧牲；在長期，任何犧牲須有代價。如果一些辛辛苦苦爲社會奉獻的人所看到的社會竟是充滿了好逸惡勞，依賴成性的人羣，他們就會改變作風，不再奉獻。自從民國五十九年以來，我們也加強了對所得稅的徵課，迄今雖然所得稅已佔整個稅收的百分之二〇，但間接稅仍佔整個稅收的百分六〇多。這說明我們應在現有基礎上建立一種公平、合理的賦稅制度，毋需再去體驗高累進稅的經歷。

勞資對立後果是兩敗俱傷

在西方國家，工業發展的結果形成了勞方與資方的對立。這種對立關係有其產生的歷史背景，此卽在工業革命初期，資本主爲牟更多的利益，往往忽視勞工的利益，甚至人權。勞方爲了爭取較多的權益，便成立工會，企圖以集體的力量同資方談判，爭取更高的工資和福利。如果資方不讓步，或不答應勞方的要求，他們就罷工，甚至遊行示威，藉以壯大聲勢，使資方知難而就範。

很不幸地，在很多國家，工會發展的結果是：工會不再是爲工人謀福利的組織。而是少數人歛財的門徑，或是政治鬪爭的工具。食言而肥的不是勞工，而是工會首領。他們認爲工資祇能上漲不能下降，致形成經濟學上的「工資僵硬性」。工會的任務主要是爲勞工爭取更高的工資，至於資方是否有能力負擔起來，他們從不關切。

近幾年來，西方國家的罷工遍及各行業。如四、五年前，英國煤礦工人的罷工，使英國經濟失去成長力。美國機場工人的罷工使航運工作幾乎爲之癱瘓；醫師罷工使病人失去治療的機會；郵政工人罷工使通訊爲之中斷。在盛行罷工的國家，勞工無選擇不參加罷工的自由，如果不參加，就會受到工會的嚴厲制裁。大規模的，長期性的罷工往往使投資者卻步，整個經濟爲之萎縮。

勞資關係不應勢如水火，尤其在國際競爭的情勢下，勞方與資方是利害一致的團隊。當產業繁榮時，兩方均蒙其利，當產業不振時，兩方同受其害。在這方面，顯然日本比西方國家有較好的勞資關係，儘管在日本有所謂「春鬪」、「秋鬪」，但本質上，勞資兩方是和衷共濟的，在經濟情況好些，勞工可多得些紅利；經濟情況差時，會以減薪方式共度難關，避免有人因此而失業。

從開發中國家得到的啓示

㈠政局動亂是扼殺投資意願的劊子手

在一個由農業進入工業的社會，經濟發展的動力主要爲投資。如果有人肯投資，就能創造就業機會，增加人民的收入，並改善其生活。如果乏人來投資，生育率高或人口衆多的國家就會長期陷於飢饉。吸引投資必須要具備某些條件，其中最重要的，就是社會的安寧和政治的穩定。因爲社會不安寧，對投資者就會造成很大的社會成本；而政治不穩定，嚴重時會使投資者的本利付諸流水。在這種情況下，國內的投資者固望之卻步，而外國的投資者亦會趑趄不前。

政局動盪不安對經濟發展所產生的後果相當嚴重。例如文化大革命時期的中國大陸，政局處於黑暗時期，經濟發展幾乎全面停滯，而人民生活淪爲水深火熱之境。一九八〇年的韓國經濟，預期有百分之八以上的成長，卻因上年末朴正熙總統被殺身亡，導致政局紛擾，經濟成長率大幅度下降。一年半以前的菲律賓，在馬可仕出走美國的前後，該國干戈擾攘，國是蜩螗，社會紊亂，經濟衰退。巴勒維王朝被推翻以後的伊朗，西貢陷落越共之手後的越南，均因政局動亂，生產困難，以致民不聊生。

再看看在戰後能有高成長的開發中國家，無不在政局穩定後，才有經濟起飛；也無不因政局的長期保持穩定，才能有持續的高成長。因此，要使經濟持續成長，人民生活不斷改善，一個安和的社會環境至爲重要。

㈡徒靠天賦的豐腴資源未必是致富條件

在討論世界貧窮問題時，有些喜歡用「南北問題」為主題。大體而言，地球的南半部，除紐澳外，幾全屬貧窮地區，也就是開發中地區；地球的北半球則全屬富裕地區，也就是已開發地區。南半球之所以貧窮並不是因爲他們缺乏資源，而是因爲他們的人民不够勤儉，政治不上軌道。

首先看看南美的國家，論資源，可說是天富之國；論人口對土地的比例，可說相當的低，毫無人口過多的壓力。然而這個地區的每人所得並不高，失業率卻很高，通貨膨脹如脫韁之馬，不堪收拾。通貨膨脹率超過百分之一百的國家佔大多數。再看看那些盛產石油的國家，第一次石油危機發生後，這些國家所產的石油，一夜之間變成了「黑金」。由於油價節節上漲，因出售石油所得的外匯滾滾而來，他們都變成了暴發戶，其揮霍之大，令人咋舌。可是，曾幾何時，自一九八〇年第二次石油危機發生以來，由於石油供過於求，油價不斷下降，復以各國景氣欠佳，對石油需求大量減少，致外匯收入銳減。於是這些石油輸出國家很快的由債權國變爲債務國。像墨西哥這個盛產石油，曾烜赫一時的國家，其外債高達一千多億美元；而號稱天富之國的巴西之外債更超過一千一百多億美元。這個血淋淋的現實使我們領悟到：對一個國家而言，天富條件不足恃，唯靠人力之有效運用，方能使經濟維持不斷的成長。

㈢人爲的提高工資無異於揠苗助長

在一個市場經濟，工資的高低主要取決於勞動的供需。當勞動的需求超過供給時，工資會上升；當勞動的需求低於供給時，工資會下降。這兩種現象都不宜以人爲的力量去壓抑。當工資應上升而不使其上升時，就是一種剝削行爲，會導致嚴重的社會問題；當工資應下降而不使其下降時，就會使產品因價格上升而失去競爭力，導致經營的困難，甚至倒閉。這是經濟學上最淺顯的道理，但不爲許多政府的決策階層所理解。

二十多年以前的臺灣是勞力過剩地區，工資水準相當低，很多中等階層的家庭有能力雇一名傭人幫忙，二十年後的今天，能够雇一位傭人幫忙的家庭已經很少，原因是工資上升得很快，一般中產階層的家庭收入已不足以雇用一位傭人。這種現象表示在某些行業，勞工有短缺現象，致其工資上升的較快。

五、六年以前，新加坡政府爲了加速產業升級，改變產業結構，決定以大幅度提高工資的方式，達成這個目標，同時也可藉此淘汰無技術的外籍勞工。這一政策採行之後不久，新加坡經濟危機便發生了，因爲仰賴對外貿易的新加坡已因生產成本過高，在國際市場上失去競爭力，復因國際經濟不景氣，新加坡出口困難，其經濟成長便改變方向，陡然下降，使新加坡首次嘗到負成長的滋味。爲了挽回這種頹勢，新加坡政府不得不放棄揠苗助長的工資政策，要求各業大幅度降低勞工的工資。新加坡經過兩年的經濟調整，始又恢復往日成長的局面。

㈣外債能興邦也能喪邦

經濟發展需要資本。很多開發中國家爲了推動經濟發展，採取了舉借外債的策略。有的國家利用外債發展其工業，有的國家利用外債大興土木，從事公共建設。如果發展工業的方向正確，不但可使剩餘的勞力得到就業的機會，而且亦可使工業基礎得以奠定。像韓國就是一個成功的例子。大興土木和公共建設如對當前經濟發展並非需要，就會造成龐大的浪費。巴西也是最適當的例子。

外債是要付息的，到期時更要還本。一九八〇年以來，世界各國的利率曾一度大幅度上升，像美國，其利率曾高達百分之一八以上。在高利率下，外債的利息負擔就會加重，如果這個有外債的國家發生貨幣貶值，則其利息負擔更加沉重。這些舉借外債的國家通常靠出售原料和農產品所得的外準來償還外債。如果貿易發生逆差，他們就無錢還債。很不幸的，自一九八〇年以來，很多原料（包括石油）的價格開始下降，致出口收入萎縮。如果進口繼續增加，其貿易逆差就會加大，其外債負擔也就愈來愈重。

也有些開發中國家，由於借外債可得到百分之五到十的佣金，執政當局爲了得到這筆佣金，以飽私囊，就大量借債，從事不需要的公共建設。有些中南美的國家之所以外債累累，這也是一個重要的原因。由此可見，外債之能興邦或喪邦，全視外債的用途及政府的清廉程度而定。

我們應有的警惕與努力

針對以上幾點啟示，我們應當作如下的努力：

㈠發揚勤儉美德，才是創造財富的法寶：無論東方或西方，均有「富不過三代」的認識。因爲人類的劣根性就是「好逸惡勞」。如果這個劣根性得到發作的機會，整個社會的財富就會消失。因此，建立勤儉的美德，至爲重要。而建立勤儉美德，必須從小時開始。

㈡清除社會寄生蟲，減少社會成本之負擔：社會福利制度是我們追求的目標，但是這一制度之推行，需賴全體國民的貢獻。執政當局應訂定適當的法令，使那些慣於利用社會福利制度而不作任何貢獻的人得到懲罰，對於那些對社會福利制度有貢獻的人，應給予榮譽和鼓勵。

㈢充實人文教育，消除社會暴戾之風：對於一個國家的發展而言，發展科技固然重要，而提昇人文教育，更不能缺少。對個人而言，人文教育可使一個人的人格昇華，對社會而言，人文教育可促進人際的融洽，社會的和諧。

㈣提高科技水準，是增強競爭力的主要條件：這個世界是個競爭的世界。對於一個以貿易為導向的經濟，必須不斷地提高科技水準；而科技水準不斷的提高才能保證競爭力的增強。

㈤養成法治觀念，奠定社會安全的基石：一個進步的社會必然是一個守法的社會；一個富強的國家必須靠法治來維持。社會秩序的維持是社會安定的必要條件。人人有法治觀念，安和樂利的社會才能出現。

最後特別強調的，經濟發展也是不進則退。如退，現有的生活水準勢必無法保住；如進，須謹防已開發國家社會病態之感染以及開發中國家倚賴與盲從偏好之形成。

（民國七十六年十二月二十日及二十一日聯合報）

臺灣經濟發展的成果及其涵義

經過四十年的努力，臺灣已由以農業爲主的經濟進展爲新興工業化經濟；由一個沒沒無聞的貧窮小島蛻變爲資金雄厚的貿易大國。於是，許多工業化國家開始增加與臺灣的經濟關係；不少開發中國家認爲臺灣經濟發展的經驗對它們有參考的價值。我們不禁要問自己：臺灣經濟發展的成果到底是什麼？這些成果對我們自己，對開發中國家，對已開發國家，甚至對社會主義國家，究有何種意義？產生些什麼衝擊？現在是我們面對這個競爭的世界，需要對臺灣經濟發展的成果，冷靜作評估的時候。

經濟高成長・貧富差距小

如果時光能夠倒流，我們會很容易比較民國三十八年臺灣經濟的面貌與七十七年臺灣經濟的面貌，該有多大的差別。但這種差別很難凸顯出我們經濟發展的成果會比工業化國家和其他新興工業化國家為優。如果我們提出某些成果一起同其他國家比較，我們會發現臺灣經濟發展的成果，的確值得重視。這些值得重視的成果包括㈠高度的經濟成長並未形成貧富懸殊的現象，㈡通貨膨脹的程度相當的小，㈢無嚴重的失業現象，㈣豐裕的外匯累積，㈤健全的財政而無公債之累，㈥無外債負擔，以及㈦高度的儲蓄率。茲將這些成果作扼要的說明。

㈠高度的經濟成長並未形成貧富懸殊現象：對於很多國家而言，在它們的經濟發展初期，高度的經濟成長往往帶來所得分配的不平均。然而，這種現象並未在臺灣出現。造成這種現象的原因很多，教育的普及與中小企業的發達可說是最重要的原因。以國民生產毛額增加率所表示的經濟成長來看，自民國四十一年至七十七年平均為百分之八·八，每人平均經濟成長率為百分之六·四二，就此期間而言，這是世界上最高的成長率。在所得分配方面，用所得的五等分位法來表示，最富有的百分之二十戶數的所得為最貧窮的百分之二十戶數的所得之倍數，在民國五十三年為五·三三倍，六十三年為四·三七倍，六十九年為四·一七倍，七十年增為四·二一倍，七十六年又增為四·六九倍。這說明六十九年以前所得分配不均度在下降；但自該年起，所得分配不均度卻逐漸升高。這種現象並非意謂所得分配惡化，而是表示當經濟發展到達某一階段，而人民基本生活獲得滿足時，所得分配會趨向不均，而這種現象對工作意願有激勵作用。

通膨程度低・失業不嚴重

㈡通貨膨脹的程度相當的小：無論同已開發國家或同開發中國家作比較，臺灣的通貨膨脹程度相當的小。民國四十一年至四十九年，躉售物價指數平均上漲百分之八・八七，消費者物價指數平均上漲百分之九・八四；五十年至五十九年，前者上漲百分之二・〇〇，後者上漲百分之三・四〇；六十年至六十九年，前者上漲百分之一〇・七三，後者上漲百分之一一・〇八，這是因爲兩次世界能源危機，油價暴漲所致；七十年至七十七年，前者下降百分之〇・四，後者上漲百分之三・〇。卽以最近八年而言，臺灣幾無通貨膨脹現象之存在，這也是在其他國家見不到的現象。

㈢無嚴重的失業現象：臺灣是一個人口密度高的地區。在民國四十年代，經濟發展初期，曾有大量的剩餘勞力。由於發展了出口導向、勞力密集的產業，乃吸收了剩餘勞力，致使失業率由民國四十年代的百分之五逐漸下降至七十年代的百分之二。雖然在六十年代，曾因兩次經濟不景氣而使失業率增高，但其增高幅度仍在百分之四以下。卽以民國七十七年而言，失業率曾降至百分之一・四，而且不少產業發生勞力不足現象。這與西歐國家的失業率高達兩位數字，北美國家之百分之六以上，一般開發中國家之低度就業現象相較，成鮮明之對比。

外匯累積豐·財政頗健全

㈣豐裕的外匯累積：自民國四十一年至五十八年中，僅有二年爲貿易順差，從五十九年至七十七年，僅有三年爲貿易逆差。自七十年迄七十七年止，每年均爲貿易順差，而且順差數額愈來愈大，致使外匯存底大量累積。到七十五年底，外匯存底高達美金四五〇億元，七十六年底，更增至七六〇億元，成爲世界上擁有外匯最多的國家之一。由於自該年七月十五日起外匯管制大幅度放寬，而在七十七年，貿易順差因對美出口巨幅減少，且僅及一三〇億美元，致該年底外匯累積降爲七四〇億美元。雖然如此，外匯存底累積之多，在世界各國中爲第二位。

㈤健全的財政而無公債之累：政府財政相當健全。自民國四十一年迄七十七年止，僅有八年，政府財政曾發生赤字，而且財政赤字多發生在五十二年以前。自五十三年至七十七年的二十五年中，僅七十一年曾發生財政赤字。同時，政府發行的公債亦十分有限。在過去三十四年間，每年發行的公債平均佔政府收入的百分之三。政府之所以能長期維持健全的財政，主要是因爲：⑴政府對預算的控制相當嚴格，⑵在政府預算編製時，對收入估計往往採保守的態度，而且對支出儘量壓縮，並以不超出收入爲原則。同時⑶由於每年經常帳均有剩餘，在很多年代，多能挹注資本支出，而不致產生財政赤字。

外債負擔輕・高度儲蓄率

㈥無外債負擔：今天美國已變爲世界上最大的債務國，而許多開發中國家，在發展初期，因缺乏資金，多利用外債從事基本建設，或作爲工業發展的資金。像中南美的國家，多外債累累。巴西所欠外債高達一千兩百億美元，墨西哥的外債亦高達一千億美元。東亞的韓國、印尼及菲律賓均有沉重的外債。這些欠外債的國家中，多不能償還所欠的外債本金，甚至利息亦無力負擔。臺灣雖也曾是資金缺乏的地區，但其外債一向不多。民國七十五年的外債只有四〇億美元，到七十六年更降爲一四億美元。外債負擔之輕，在開發中國家所罕見。

㈦高度的儲蓄率：儲蓄是資本形成的主要來源。一般開發中國家的儲蓄率多不高，致不得不靠外資來發展它們的經濟。臺灣在民國四十六年的毛儲蓄率僅爲百分之一〇，而資本形成毛額佔國民生產毛額的百分之一六，不足之數當時幸賴美援注入，直到民國五十九年，國內儲蓄才足以支應投資支出。到了七十五年，毛儲蓄率高達百分之三六・七，七十六年又升至百分之四〇，創世界最高紀錄。如此高的儲蓄率固然是源自國人的勤儉，但連年貿易順差之累積更是直接原因。

就任何開發中國家而言，同時能具備這七項發展成果者，實不多見。尤其像臺灣，在經濟條件上，缺乏天然資源；在國際舞臺上，外交被孤立；在國防安全上，處處受中共之威脅。處在這樣不利的環境下，臺灣竟締造這些卓越的經濟成果。而這些成果不僅對開發中國家、社會主義世界、已開發國家產生了相當深遠的衝擊，而且對臺灣本身也產生空前的衝擊。

貧窮到富有・堪稱爲規範

二次世界大戰結束之後，凡獲得獨立的國家，無不力謀經濟發展。可是經過四十多年的時間，這些國家在經濟上的表現並不相同。有的國家，縱使天然資源豐腴，仍無法脫離經濟拮据的局面，像中南美洲的國家，並沒有因上帝的厚遇而發展成富裕的國家，反而成爲「依賴學說」的實驗場。於今更弄得外債累累，通貨膨脹如脫韁之馬。像非洲的國家，民族主義的浪潮並無助於解開政客們爭權奪利的結，外援也無法使他們脫出飢餓的苦海。復以連年的天災，更剝奪了他們生存的權利。其中少數產油國家雖曾因油價暴漲而風光一時，仍無法逃脫貧苦與悲慘。在東亞地區，自一九七〇年以來，卻展顯了另種風貌，那就是在這個地區的許多國家獲得安定後，均力圖經濟成長，物價穩定。事實上，除極少數國家因內政紛擾不已，致經濟成長欠佳外，多能保持相當高的成長。但是，若與臺灣相比，不僅在經濟成長上仍不及臺灣，而在物價穩定上也不及臺灣。於是相當多的開發中國家，對臺灣經濟發展的經驗產生了極大的興趣。因爲臺灣經濟發展的歷程是從無到有，從貧窮到富有。從以農業爲主的經濟到以工業爲主的經濟。這些經驗值得它們學習。使它們最感興趣的，乃政府在經濟發展中扮演的角色，中小企業發展的經驗與貢獻，獎勵投資的措施，加工區的設置等。

共產世界・紛紛打開門戶

中共自一九四九年佔據中國大陸至一九七二年止，一直認爲共產主義下的經濟制度是世界上最好的經濟制度。勞工階級所享受的生活也是世界上最好的生活。對於處於敵對局面的臺灣地區，也一直認爲它是貧苦而落後的地區。

可是，自一九七二年中國大陸的大門被敲開之後，中共的統治階層始發現大陸之外的世界並非是想像中的悲慘世界，尤其對臺灣經濟發展的成就，也開始有了正確的認識。他們確信非進行經濟改革，不足以圖存。於是從一九七九年開始，從完全否定私有財產制度改爲承認部分私有財產制度，從嚴格統制經濟改爲商品市場機能的存在，從極端的封閉式經濟改爲門戶有限度開放的經濟。而且在很多方面，採行了臺灣在一九六〇年代所採行過的發展策略，如經濟特區的設立，外人投資的獎勵，以及出口導向的產業發展等。經過七、八年的努力，大陸經濟發展有了具體的成果，尤其在農業生產方面，每年平均百分之六以上的成長率使大陸十億人口得免於饑饉。這一事實對蘇聯的首腦們產生了相當大的衝擊。戈巴契夫掌握政權之後，便著手經濟改革，他要取消集體農場，吸引外人投資，增強國際貿易，民營化國營事業等，而且無不以較大的步伐，堅定的腳步來推動。蘇聯的經濟改革對東歐社會主義國家及亞洲的緬甸和越南無形中也產生了衝擊。這些國家也開始它們的經濟改革，打開它們的門戶，拓展它們的對外貿易。而這些國家的反應又反過來影響了蘇聯和中共，使它們的經濟改革不致走回頭路。

開發國家・興起保護主義

臺灣經濟發展的成就也對已開發國家產生了衝擊，而這些國家的反應卻與開發中國家或社會主義世界不同。我們已察覺到有三種反應：

㈠承認臺灣經濟發展的成就及重要性，願與臺灣增進貿易關係。像澳大利亞、加拿大、法國等國家，在一九八〇年以前，對臺灣的態度並不够友善，近幾年來，一反過去的作風，相繼與臺灣互設貿易辦事處，以增強兩國間的貿易關係。因爲它們已認識到臺灣的購買力相當的大，而國際信用又十分的強，固能飲用大量的白蘭地酒，又能消耗巨額的小麥、水果等物資，對它們的擴大出口有直接的貢獻。

㈡臺灣的出口品，有部分對它們形成激烈的競爭。它們發現「臺灣製」產品充斥了它們的超級市場，對它們自己所生產的產品有替代作用，競爭失利的結果，有不少產業成爲「夕陽產業」。爲了保護這些式微的產業，便採取了各種保護措施，限制臺灣產品的大量進口。像美國就是明顯的例子，除了採行保護措施外，一方面強迫新臺幣繼續升值，以削弱臺灣輸出的競爭力，另方面要求繼續降低臺灣的進口關稅，以便容納更多的美國產品進口。

㈢讓中華民國的代表出席各種國際組織的會議，並要求中華民國擔任些國際任務，爲第三世界的經濟發展提供些經驗和資本。總之，在許多已開發國家的心目中，臺灣所代表的不再是一個蕞爾小島，而是個富有的貿易巨人。

臺灣社會·衍生了諸多負債

經過四十年的辛勤耕耘，臺灣已變成一個經濟繁榮、人民富裕的地區。這種高度成長的結果，固爲臺灣社會帶來龐大的資產，同時也爲臺灣社會製造了些沉重的負債。前面所列舉的七項成果是臺灣社會的資產，它們所產生的後遺症則是臺灣社會的負債。這些負債具體的有：

㈠強調工業的快速發展，忽略對環境污染問題的解決：在臺灣工業發展過程中，因著眼於就業機會的創造，人民生活水準的提高，發展了些污染性高的產業，而且對這種產業並未作適當的規範，致對環境造成了危害，像空氣污染、水污染、噪音污染、土壤污染等均達到了嚴重的程度。此不但降低了生活品質，更導致近年來的環保運動之如火如荼。

㈡過多的儲蓄造成了游資充斥的局面，甚至到了氾濫成災的地步。這些氾濫的游資滋生了以下諸現象：甲、社會賭風日熾：社會上所流行的「大家樂」、「六合彩」賭博活動已腐蝕了部分社會大眾勤勉的德性，培植了好逸惡勞，投機欺詐的惡習；乙、股票市場的狂飆現象：最近三年來，股票價格高漲，且暴起暴落，吸引了百萬以上的人口，使他們放棄生產，投入令人如狂如癡的金錢遊戲；丙、房地產價格暴漲：由於游資過多，利率過低，近三年來，大量資金投入房地產交易，而房地產價值已上漲二至三倍，使一個無房屋的公務員或教員，積畢生之儲蓄也購不起供一家四口居住的房屋；丁、地下投資公司猖獗：社會上不少游資亦爲許多地下投資公司以高利率所吸收。這些公司在性質上類似老鼠會，它們得到資金後，通常從事各種投機性活動。由於利率高達二成至四成，一旦週轉不靈，便會造成金融危機。

㈢社會風氣日趨敗壞：經濟繁榮的結果產生了很多不勞而獲的人，重要的表徵，乃大都市及城鎮，色情活動氾濫，不當的理髮廳、MTV、休閒中心、柏青哥等到處可見，而社會犯罪率節節上升。

鑒於最近二十年世界經濟發展的趨向，很多人咸信，二十一世紀的亞太地區將成爲世界經濟的重心。作爲亞太地區一員的中華民國，該扮演何種角色？臺灣的經濟發展似乎到達了一個難以避免的困擾階段，那就是一九六〇年代美國和一九七〇年代日本所經歷的尷尬局面：對「傳統」的批判，對「權威」的挑戰，對「成長」的排斥，以及對「現實」的不滿。

克服難題・度過尷尬時期

爲了在亞太地區扮演一個主動而積極角色，我們應努力以赴的，乃⑴提高科技水準，增強同已開發國家的競爭力；⑵做好臺灣經濟發展經驗之傳播工作，使臺灣成爲開發中國家學習的對象；⑶保持臺灣的自由和富裕，使其成爲中國大陸追求的目標。但是，要達成這些使命，我們必須儘快使目前所面臨的社會問題得到妥當解決，順利地度過這段尷尬時間。

（民國七十八年五月十三日及十四日以「臺灣經濟發展造成的外在與內在影響」爲題發表在工商時報）

臺灣經濟發展對外的連鎖反應

一、東歐巨變的浪潮來自蘇聯

今天在東歐所發生的變動是驚天動地的變動。三十多年堅固的柏林圍牆，數日之間便被拆除了。它不僅使分離的東德和西德得到了自由交往的機會，而且也使東西兩大陣營的衝突化為烏有，更重要的，它使世界和平露出了曙光。共產社會主義不但無力埋葬西方資本主義，而且今後共產社會主義本身像泡沫一樣，逐漸消失在歷史的巨流之中。毫無疑義地，這是民主與自由獲得的最大勝利。

如果追溯這個巨變的源流，我們很高興地發現：今天東歐之所以有此巨變，乃是由於蘇聯態度的轉變，而蘇聯態度之所以轉變，則是由於蘇聯領導人戈巴契夫的開明作風。如果沒有戈巴契夫對民主自由潮流的默許，布達佩斯的屠殺局面必會在東歐每個國家重演。四年多以前，戈巴契夫掌握政權後，他不但推動經濟改革，也力圖進行政治改革。他放棄對生產無激勵效果的共同農場制度和不利溝通有無的閉鎖經濟制度，同時採行尚有限度的私有財產制度，引進外人投資，自動裁軍，撤離在外駐軍，減少軍備支出，並予蘇聯支配下的附庸國家以較大的自主權。這個巨變使整個世界人類從戰爭邊緣進入安定的境界。因此，近三年來，戈巴契夫已成了世界上最耀眼的人物。

二、蘇聯蛻變的起因來自中共

問題是：爲什麼戈巴契夫甘冒很大的風險，而有如此的轉變？他之一反過去共產黨的傳統作風，是與中共經濟改革的成效有關。戈巴契夫是二次世界大戰後成長的人物，他對西方資本主義社會有自己的觀察與了解，尤其對中國大陸自一九七九年以來的變化有所反省。他知道使十億中國人口塡飽肚子並非易事。中國大陸曾在中共史達林式的統治下達三十年之久，經濟沒有進步，人民貧窮如故，可是僅五、六年的經濟改革，農業生產卻有了高度的成長，人民得到了溫飽。這一成果與中共放棄吃大鍋飯的人民公社，採行租佃制度，對外採行開放政策，積極拓展對外貿易，並引進外人投資有密切的關係。一九七九年至一九八五年中共經濟改革的成果給予戈巴契夫很大的刺激，而這個刺激的反應就是「求變」。於是決心排除萬難，自動掀起改革的浪潮。這個改革浪潮卻予東歐國家的要求自主以莫大的鼓舞。

三、中共經改源自臺灣經濟發展

中共的經濟改革確使中國大陸的人民免於饑餓之苦。在過去十年，中國大陸的經濟成長每年平均高達百分之九以上，爲世界上經濟成長最快的一個地區。中共的經濟政策何以有如此大的轉變？追根求源，在於臺灣經濟發展所產生的影響。自一九四九年至一九七〇年，中共當局一直認爲臺灣是個缺乏天然資源的海島，人口密度高，土地也不肥腴，不可能有好的經濟發展。事實上，在一九四九年時，臺灣的經濟條件雖比烽火連天的大江以北好些，但比不上大江以南的地區。當一九七〇年代，中共逐漸打開門戶後，各方來的資訊使中共的領導階層不得不接受這個事實，即臺灣經濟發展的「奇蹟」，而且將臺灣海峽兩岸比較時，一邊是富足，另一邊卻是貧窮。這一鮮明的對比是中共領導人鄧小平復出後最大的感觸，這也是使他決心推動經濟改革最大的動力。如果沒有臺灣的繁榮與富裕，中共當局足可使大陸同胞相信他們過的生活是世界最好的生活，在那種情況下，中國大陸就不需要經濟改革了。經過十年的努力，中國大陸的經濟發展受到了自由世界的刮目相看，更受到了共產社會主義國家的重視。儘管「六四天安門事件」使中共當局的顏面失去亮彩，十年經改所獲得的成效對共產主義世界的影響仍十分深遠。

四、東歐巨變的衝擊效果

東歐國家自由民主的浪潮會繼續推展下去，它也會反過來再影響蘇聯和中共的執政當局，使其經濟政策持續下去，更會使世界各地的共產主義國家，受到感染，擺脫史達林式的經濟，走上改革的道路。同時，東歐國家所發生的巨變，對西歐單一體的形成也會產生一定程度的影響：它將使歐洲範圍的擴大，經濟力量的增強。對我們而言，東歐國家的開放不僅使臺灣增大對外經濟關係的空間，也增加了相互貿易的機會。臺灣經濟發展的經驗將受到這些國家的重視，因為臺灣經濟發展是從貧窮到富有，從落後到進步，最成功的歷程，值得參考與學習。

五、臺灣應扮演的角色

面對共產主義世界的巨變，臺灣在世界舞臺上應扮演更積極的角色。首先，要繼續推動經濟發展，使其早日邁進已開發國家之林。為此，必須積極改善投資環境，提升科技水準，重整社會秩序。同時要將臺灣經濟發展的經驗有系統地推介給開發中國家，使其脫離貧苦與落後。對於蛻變中的共產主義國家，不應視其爲仇敵，而是主動地推動相互的貿易關係。對於中國大陸，爲了臺灣的安定與發展，也爲了中華民族的長遠利益，不僅要增強貿易關係，也要進行文化交流，使大陸同胞確實認識臺灣同胞四十年奮鬪的精神與致富的原因，也使大陸的執政當局了解到：私有財產制度和市場經濟是人民自動自發，刻苦努力的原動力，而經濟自由化和政治民主化則是躋身已開發國家必須具備的條件。

（民國七十九年元月一日發表於中央日報）

放眼世界，立足東亞的經濟發展

世界經濟重心東移

隨著各國生產力的變化，世界經濟結構一直在緩慢轉變之中。尤其自二次能源危機發生以來，世界經濟重心明顯地由北美逐漸向亞太地區移動。儘管北美的經濟實力仍冠全球，但其影響力已有式微之勢，而其作爲更有沒落家族所常有的跡象。

近十多年來，亞太地區國家中，先有日本生產力之凌駕歐美，繼有亞洲四小龍之突飛猛進，後有東亞國協之拼力直追，使整個世界的眼光投向這個地區，這不僅僅是因爲這個地區締造了世界上最高的經濟成長率、相當低的通貨膨脹率、可容忍的失業率、以及蓬蓬勃勃的活絡景象，更因爲這個地區的產品已充斥歐美市場，它的資本正源源流向北美，而北美的汽車市場排滿了東洋商標的汽車，北美的餐館也充滿了東方的味道。原爲世界上最大債權國的美國已變爲世界上最大債務國，連年的貿易赤字得不到改善，巨大的財政赤字有增無減。至於西歐，低成長率與高失業率成爲最近十年經濟發展的特徵。

當前世界經濟情勢

大體言之，當前的世界經濟仍屬於一個比較繁榮的局面。以一九八九年而言，全球的經濟成長仍高達百分之二・八，雖較一九八八年爲低，但無不景氣的跡象。例如工業化國家有百分之三・九的成長，開發中國家則有百分之三・四的成長。在開發中國家當中亞洲國家有百分之六・五的成長，而在亞洲國家中，亞洲四小龍有百分之七以上的成長，東南亞國協則有近百分之八的成長。其他地區，如石油輸出國家組織成長百分之一・二，非洲成長百分之二・五，中東非石油輸出國家成長百分之二・四，共產主義國家成長百分之一・三，中南美洲卻下降百分之一・三。這說明了東亞國家的經濟表現最爲傑出。不過，值得注意的，世界經濟失衡的現象仍然存在，且成爲很多國家的夢魘，那就是：

㈠開發中國家的外債更加沉重，目前已接近八千億美元，中南美洲即有四千億美元的外債，他們既無力還本，亦無力付息，對已開發國家的金融體系形成隨時都可能爆發的危機。

㈡已開發國家的貿易赤字繼續擴大，當它們無力提高競爭力時，它們就訴求貨幣的貶值，以及各種形式的保護措施，使進口貿易量減少。這兩個問題並未隨著一九八〇年代的結束而消失，而是繼續存在，成爲國際會議研討的主題。

對一九九〇年代的展望

展望一九九〇年代，整個世界將處於和平狀態，也將維持一個比較繁榮的局面。東西兩大力量的對抗將變爲互助合作。可預見的，世界各地的共產主義制度漸爲經濟改革的浪潮所淹沒，共產黨的專制政權也將爲廣大的人民所唾棄。一九八九年下半年，東歐形勢的巨變固爲共產主義世界的沒落提供了註腳，也爲東歐與西歐間的交流與合作提供了機會。這一巨變對一九九二年西歐單一體的形成也有了深遠的影響，即西歐的資本與東歐的人力，一旦得到密切結合的機會，不僅會使歐洲的競爭力增強，也會使歐洲的國際地位提高。

東亞地區仍將是世界上經濟成長最快的地區，幾乎每個國家在未來這個年代都會成爲新興工業化國家。這個地區不僅擁有對外貿易的競爭力，也擁有對財貨與勞務的購買力。在這個地區，共產主義國家的經濟均將有「質」的變化，那就是走上經濟改革的道路，放棄史達林式的統制經濟。它們將漸漸向開放性的市場經濟掛鈎，向私有財產制度靠攏。目前，連越南也有明顯的改革跡象，即使北韓的政策動向也在躊躇之中；中共經改雖自「六四天安門事件」之後向保守勢力退縮了些，但政策的目標不致有大的變更。可以預期的，今後，亞洲各國之間的貿易會增加，這有助於各國的經濟發展。

面對歐洲與亞洲的經濟情勢，北美自由貿易區的建立有維持貿易保護主義，使低生產力的產業得以殘喘的企圖。這種想法已爲東亞的資本大量流入美國，以及東亞的零件製品爲美國業者所樂用之事實所粉碎。保護主義的力量也許會因地域主義的形成而增強，但也會爲資本的自由流動，所有權的轉移等事實所抵銷。

中華民國的國際角色

經過四十年高速的經濟成長，中華民國在臺灣已奠定了殷實的發展基礎。過去所累積的巨額外匯資產及大量的超額儲蓄，已使臺灣有能力從事海外投資。間接投資僅可賺取利潤，直接投資可掌握企業的所有權和管理權，這對引進科技和掌握原材料之供應更爲有效，同時對協助地主國創造就業機會，提高生活水準也會產生積極的作用。

臺灣經濟發展經驗對已開發國家的意義不大，但對開發中國家和蛻變後的共產主義國家有極大的參考價值與啟示作用。至少下列諸點經驗對它們的經濟發展有用：(1)發展任何產業，須以具優勢的生產因素爲考慮要件；⑵在發展初期，要靠外資，有了基礎，必須靠國內儲蓄才能支應經濟的持續成長；⑶開放經濟是促進成長最有力的途徑；⑷有效率的政府，安定的社會，完備的公共設施是投資環境必具的條件；⑸教育發展與科技發展須密切配合；⑹中小企業的優先發展適合一般缺乏資金的開發中國家。

對中國大陸，臺灣的經濟發展更具意義，因爲海峽兩岸具相同的文化背景、語言、生活習慣、刻苦耐勞的習性。中國大陸對臺灣的依賴是經驗與資本，而臺灣對大陸的需要是原料與人力。海峽兩岸如能作適當的配合，今後臺灣與大陸的經濟發展都會無可限量。

我們應有的認識與努力

進入一九九〇年代，在國際上，我們將遭遇更多的挑戰，也會有更多的發展機會。區域主義的形成，保護主義的抬頭，開發中國家的急起直追，將使國際社會呈現出一個激烈的競爭局面。另一方面，東亞市場的擴大，歐洲領域的增加，又給我們更多的發展空間與機會。

展望未來，我們並不悲觀，但是我們必須懷有正確的認識並作最大的努力，亦卽⑴未來的世界是自由競爭的世界，優勝劣敗是不變的鐵律；⑵贏得競爭中的優勢，基本條件不再是廉價的勞工而是不斷提升的科技水準。誰能繼續不斷地提升科技水準，誰就能掌握國際市場；⑶必須維持一個良好的投資環境。在眾多條件下，社會的安定，政治的清明，設施的完備，勞資關係的和諧均極重要。

（民國七十九年元月七日發表於經濟日報）

第二部　促進經濟升級的途徑

改善投資環境之途徑

一、投資環境之重要性

由經濟成長的觀點來看，投資環境的好壞對一個自由國家的經濟成長影響頗鉅，如果沒有好的投資環境，便不可能誘使企業家或社會大眾來投資，在此情況下要使社會經濟成長，無疑是緣木求魚。投資環境之於企業家，就如居住環境之於家庭，學校環境之於學生受教育一樣，是同樣的重要。

一個企業家在決定投資前，通常要面臨兩種情況作考慮：(1)有風險的情況：根據過去的經驗，按照風險發生的頻次、或然率，計算出預期利潤，再根據預期利潤進行選擇。如果企業家所面臨的是完全不確定的情況，卽無機率可循的情況，他們對這種不確定的情況多沒有興趣，因其在此情況下投資可能付諸流水，沒有任何把握。(2)確定沒有風險的情況：這種情形較少存在，因此現在我們要談的是企業家所面臨的有風險的情況。企業家要投資一定要先考慮到利潤，也就是收益和成本之差，他希望預期利潤愈大愈好，如果對這個預期利潤有把握，就會投資；否則他不會投資。

收益取決于下列三因素：⑴市場情況（企業家不能把握）⑵推銷（運銷）技術（企業家可把握）⑶產品的品質（企業家可把握）。其中有兩項企業家可把握住，表示這兩項是比較確定的。成本方面，企業家期望他的成本在他預算或原定計畫之內，如此，始可約略計算將來預期利潤有多大，如預期利潤為正，則有勇氣投資。

過去三十多年來，臺灣曾具備優良的投資環境，因此經濟成長率才能保持在年平均八%以上。同時，在此環境下，培植了很多新興工業，也拓展了很多傳統工業，而且我國的工業發展也由進口代替產業進展為出口擴展產業。投資環境的優良不僅曾降低工業生產的成本，而且也曾增強我們出口競爭的能力。除此，投資環境的優良也曾導致外來投資的擴大。這對我們引進新技術、培植專業人才是有幫助的。近二十年來，很多國家設立自由貿易區、加工區、經濟特區，主要目的是在吸引外資；而吸引外資的目的不僅僅是為了增加生產，更是為引進新的技術、培植專業人才。譬如我們的高雄、臺中、楠梓加工區，在其發展過程中，也曾引進些新技術，雖說其成就並不很顯著，但仍然有些重要的成就。至於培植專業人才，在臺灣的很多中小企業，甚至大企業的經理人才和工廠老闆，有不少是由加工區得到經驗而後創業的，這表示好的投資環境，不但可提高自己的生產能力，同時也增加輸出能力。

二、什麼是投資環境？

投資環境即是投資所需要的最適當的條件，這些條件並不是和國家的存在與生俱來的，而是在經濟發展過程中慢慢演變而形成的。某個階段有某個階段的投資環境，在發展初期，投資環境通常是非常惡劣的，到了經濟發展到高階段時，投資環境便不同了。在無政府狀態的國家，不可能有好的投資環境，同樣，一個獨裁的政府也不一定會提供優良投資環境所需要的條件。如果政府採取開放政策，則會提供有利的投資條件；如果是閉鎖的，就不可能提供我們所需要的投資環境。

倘若投資環境不良，不但不會有外人投資，還會產生資金外流現象，當然，在經濟發展初期，這種情形是不存在的，因爲國內資金來源不足，沒有人賺到錢，但經濟發展到某種程度後，若投資環境不良，那麼資金就會流出，即使在外匯管制之下，仍會有這種情況產生。至於說有些有錢的人將資金拿到國外炒房地產，致國家資金因而不足，在此情況要發展高級產業，其可能性就更小了。外人投資通常是指僑外資，卽華僑和外國人的投資。他們所考慮的是我們的環境是否較其他國家爲佳，所強調的是比較的收益，而非絕對的收益。唯當我們能提供很多比他國優越的條件，才能吸引到外資。所謂最適當的投資條件包括下列諸項：

㈠社會的安定性：這與該社會的政府行政效率和經濟狀況有關。在一個政府效率低，貧富懸殊的社會，要求社會安定是不太可能的。搶刼、盜竊、以及騷亂和政府的行政效率低、貧富懸殊現象可說密切相聯。在這種社會投資，所冒的風險就很大，成本亦高，除非企業家的利潤率很高，他們才會冒風險，否則，沒有一個企業家願意到這個社會來投資，這點非常重要。過去二、三十年來，我們的社會相當安全，也因此，我們有一個比較突出的經濟成長。

㈡政治的穩定性：政治的穩定與否也關係企業的投資成敗，在前面已述及企業家對不確定的投資環境多不感興趣，因爲政治上的不穩定容易牽涉到投資者的所有權，一旦政治不穩定，任何投資都會成爲政治不穩定的犧牲品。比如伊朗，三年以前發生政變，很多石油企業變成國營，本國企業家的事業失去保障，而很多西方國家的投資也都泡了湯。像這種政治不穩定的社會，外來的資本就不可能再投入了。又如兩年前的韓國，自朴正熙總統遇刺後，有一年時間，政情不穩定，不但西方國家不願將資本投入，甚且部分外國訂單也轉移至日本、香港、臺灣等地，因爲外國商人不願意由一個政治不穩定的國家進貨。由此可見政治不穩定對經濟投資影響之大。再如今日之香港，一九九七年新界部分要交回中共，一般將一九九七年說是香港的「大限」，雖然，這大限距今還有十四、五年的時間，但今日之香港已經不安定，這並不是因爲社會安全有了問題，而是因爲主權有了問題。如果政治主權換人，大家都曉得在中共掌握下，不論用什麼型式來處理香港，它都是不確定的。此時中共對你優惠，很可能一夜之間，什麼優惠都沒有了。在這種政治不安定的情況下，外國人是不願冒險投入資金的，香港人亦復如此。

㈢金融制度現代化：金融制度是工業社會的產物，除非是一個以物易物的社會，貨幣是社會大眾交易的媒介，無論是資金的累積或融資，在在需要一個合乎現代化的制度。在農業社會裏，金融制度並不是很重要的，因爲那是以物易物的社會，但工業社會卻是動態的社會，在這種社會，如果金融制度不現代化，企業家要花很大的代價去發展企業，無論是設廠、生產或運銷，如果沒有足夠的資金來支應，便不可能在指定的時間內完成預定的作業。在這種情況下，就容易失去謀利的機會。但現代化的金融體系是可以達成這些目的的，所以世界上工業化的社會如美國、日本、西歐各國都有現代化的金融體系。至於開發中國家，其金融體系大都是落後的。要想培植優良的投資環境，一定先要有現代化的金融體系。

㈣賦稅負擔的合理化：在一個賦稅課目眾多，且有重複課稅的情況下，投資者當然為之卻步了。賦稅本身固然是業者的一種負擔，而且眾多的稅目更會造成業者的困擾，因此不少國家為了吸引外資，他們增設了所謂自由貿易區、加工區、經濟特區，在這些區內，主要特徵即是免除或減少某些租稅。由此可以曉得稅對企業家、投資者是多麼的重要。通常在開發中國家，稅的負擔多不平均，而且也欠公平。社會上有些階層為社會付出很大的代價，提供稅收，有些階層卻由於制度上的原因，並未提供其應當提供的稅，企業家面臨這種困境，自會考慮是否應當在這種社會繼續增加投資。為了免除這種現象的發生，稅率宜低，稅目宜少，如此才能吸引很多企業家來投資；反之，則會阻撓企業家前來投資。不過在這方面有兩種不同的意見：一種是認為政府有一定的支出，必須要有一定的收入；要有一定的收入，就必須要有某種稅來支應。如果稅率降低，財政當局會考慮能不能冒這種風險，因為他們深怕到時收不到他們所需要的稅；另一種主張是：若稅率重，很多人會逃稅、漏稅，政府反而達不到收稅的目的。關於這兩種不同的見解，到現在還沒有一致的解決辦法。無論如何，稅目多、稅率高是企業家所憚怕的，他們要求的是政府的行政效率要提高，而行政作風要現代化。唯在這種情況下，企業家對其所付出的成本才較有把握，否則，若一個社會貪圖之風猖獗，一切不上軌道，企業家就無法計算所付出的成本，當然就會望而卻步。

㈤運輸系統的便捷：一個好的投資環境也是指國內及對外的交通系統必須是暢通無阻的。運輸系統的便捷，本身就是一種生產成本的減少，無論在國內或國際市場，均可提高競爭能力，如臺灣貨物出口、趕訂單、交貨，往往一、二小時之差就會造成商譽上的很大損失。如果交通情況好，我們的貨品就能按時裝船、上機，在預定時間內到達訂貨者手中。在這種情況下，承包商便不會有損失，否則，不但承包商有損失，而且也會損壞了國家的商譽。在十項建設未完成時，曾有一段時間發生這種現象，因此造成商業上許多困擾。有的國家爲了達成定時交貨的目的，不惜利用警車來開道，以便貨物能及時到達海港或飛機場，像最近幾年以來，韓國就採取這種辦法。不過這種辦法是不宜效法的，與其爲便利廠商交貨，政府派出警車開道，不如將交通系統管好。由此也可知運輸系統對投資環境的重要。

㈥動力系統的完備：所謂動力系統是指水電系統。現代化工業國家水電設施完備與否是企業家考慮投資時很重要的條件。通常都是先有完備的水電設施，才能建立工廠，進行生產。如果水電不足，影響訂單無法如期交貨，將造成商譽上的損失。一般開發中國家，往往因爲水電設施的缺乏或不足，造成工業發展上的瓶頸，像最近大陸有個十年計畫，他們進口了很多機器要發展很多產業，結果，機器快安裝了，始發現沒電、沒水，結果只有讓機器荒廢，造成社會與國家很大的損失。在這種情況下，便談不上進一步的投資。

㈦人力供應的適足：一個投資需要的生產條件，一是原料方面，如果原料的提供很暢達，生產就會很順利；另一方面，也是最主要的，爲人力問題。而人力又可分兩方面，一是人力的量，一是人力的質。在量的方面，企業家希望社會提供的勞力能足够其需要。在一個勞動集約的社會，他希望多用些勞動來從事生產，如果社會不能提供很多勞動，他當然不會在這社會建立勞動集約工廠，從事生產。同時他也會考慮到勞動的品質，如果品質很低，他也沒有興趣生產，譬如最近中共在大陸開闢經濟特區，誘使外人前來投資，並建立很多工廠，雇用大陸老百姓作勞工。這些外國業主發現大陸勞工雖豐，但品質很壞，並認爲大陸勞工是世界上最懶惰的勞工。事緣過去三十年來，大陸在中共統治之下，不論工作與否都吃一樣的飯，而且工作中間還要休息，結果都養成了懶惰。因此，人力之提供不僅在數量要適足，在質量上也要達到某種水準。這樣，企業家對這種投資環境才感興趣。

㈧勞資關係和諧：過去百年來，西方社會勞動階層與資本主，通常處於一個對立的地位，工人經常用罷工的方式來要求他們的權利。如果罷工合理，還情有可原，如果罷工超出資本主的負擔能力，就會造成生產程序的破壞，以及社會的不安。在一般開發中國家，勞資關係的和諧也是企業家所考慮到的。過去三十年以來，在臺灣勞資關係是相當和諧的，這種和諧就是彼此休戚相關，共同克服所遭遇的困難。最近幾年來，西方國家羨慕日本的勞資關係。大家曉得近年來日本雖然也有不景氣現象發生，但失業率非常低，這是什麼原因？在經濟不景氣時，日本工人會自動地協助企業家來渡過難關，他們不會藉不景氣來威脅雇主，提高工資。近年來，西方國家在這方面也有所醒悟，過去從未有工會自動降低工資的事例發生，但最近美國開始有工會，如汽車業工會自動降低工資來渡過難關。勞資和諧與否也是企業家投資所考慮的因素。過去我們所以能吸引外資，勞資和諧是一個很重要的條件。

㈨行政效率的增高：如果一個國家的政治制度太複雜，需要紅包才能做事情，其行政效率必然不高；要提高行政效率，必須付出很大的代價。在這種社會，企業家繼續投資的興趣就不大，外來的企業家也就沒有興趣來投資了。

以上九項是一般投資的重要條件，另外還有僑外資。對於僑外資的投資環境，除了要具備前述九種條件外，還要具備其他兩種：⑴資金進出國境的自由程度，外國人到某一國投資，當需要資金時，如果無法取回，儘管這個社會牟利很大，若這個社會的外匯管制很嚴格，資金只能投入而不能提出，外國人也會失去投資的興趣。⑵國內外利息率的差距程度，投資有兩種情形，一是自己開工廠，一是存在銀行賺取利息。當然，還有許多投資方式，如買賣證券、股票等。如果國外利率高，國內利率低，資金必會流到國外去，因此國內外利率的差距也是影響投資的重要因素。

三、爲什麼要改善我們的投資環境

在經濟發展的每個階段，各方的要求有一定的水準，而且每個階段的要求並不相同。在目前，臺灣正面臨兩種情況，一是在世界經濟不景氣聲中，臺灣也遭受了不景氣的困擾，在經濟不景氣的衝擊下，很多資本主、企業家對投資缺乏興趣，因爲他們對預期利潤沒有把握，也就不願投資；另一是臺灣經濟要轉變，卽從勞力密集產業轉變成技術密集或資本密集的產業。在這種情況下，我們需要更多的資金來支持產業的發展。顧名思義，在勞力密集的產業時代，我們需要的是勞動，一旦有了足够的勞力，問題就解決了一半。但在技術密集或資本密集的社會，我們需要的不僅是勞動，更需要大量的資本，來支援我們從事技術革新，唯能充裕我們大量資本的投入，才能建立起我們所需要的產業。因此，就短期而言，要盡速改善我們的投資環境，提高投資意願，以促進經濟的復甦。投資環境的改善都代表生產成本的減少，也就是預期利潤程度可能性加大，我們不僅要使國內企業家有興趣投資，也要吸引國外企業家來投資。要達成這兩個目的，就應就我們的投資環境來檢討，然後根據檢討的結果來改善。最近政府提出設置自由貿易區卽是措施之一。提及當前的投資環境，我們想到香港會給臺灣一些幫助，用來改善我們的投資環境，那就是將香港部分的資金吸引而來。香港的資金相當豐富，如果能吸引其四分之一或五分之一的資金到臺灣來，那麼我們技術密集的產業就不會感到資本的缺乏，這點是非常重要的。最近香港問題的轉變，引起很多人的注意。多年來，中共政權所強調的就是香港主權問題，我們預測除非這回柴契爾夫人到北平與鄧小平談判有了明確的結果，否則，香港在未來四、五年將是非常不穩定的社會。我們面對香港這種情況，至少應將香港的部分資金吸收到臺灣來。香港是一個概括性的名詞，它包括三部分，第一部分是香港本島，這是鴉片戰爭割讓的，第二部分是九龍，這是無限期租借的，第三部分是新界，這部分的租期是九十九年，而這部分的面積比香港、九龍大得多。近年來，中共在深圳所建立的經濟特區，就鄰近新界，如果到一九九七年，中共收回新界，它必然連帶收回九龍，在那種情況下，香港本身也失去其價值。就中共而言，當然不會放棄對香港的主權，如果果眞如此，香港就會變成某種形式下大陸的一部分。不論以何種形式，香港的政治立場、自由程度和現在就會完全不相同。在那種情況下，你可以做生意，但是言論的自由、政治的立場都會成了嚴重的問題。香港的大資本家已經將全部或部分資金轉移到新加坡，但其最後目的地當然是到美、日、加拿大。如果有困難，他們希望轉移到離他們較近的地方，那就會考慮到臺灣。另外，低階層社會大眾聽天由命，不論香港變成什麼樣子，他們的移動性比較小。現在，我們應想辦法爭取中產階級的企業家，希望他們能到臺灣來投資。

前面曾提及吸收僑外資的條件之一，即資金進出很自由，到現在爲止，外來資金進來容易，出去很難，如果在這方面，條例沒有徹底修改，吸收外資仍然有問題。就這一方面來看，我們須通盤檢討所應有的十一個條件是否已完全具備，且已達到很理想的境界；如不盡然，則要想辦法來改善。

四、改善投資環境的途徑

㈠採取有效措施來維持社會安全與政治的穩定：此點非常重要，如果一個社會不安全，政治不穩定，國內的企業家會逃避，國外的企業家也不會前來。如果以社會安全與政治穩定兩條件來比的話，政治穩定的條件可能更重要，如果一般人對這個社會的政治前途不樂觀，其他條件都不必談了。因爲，社會不安全僅增加一部分成本，而政治不穩定卻關係到個人的生存。今後要維持社會的安全，須採取必要的措施，使犯罪的行爲如偷竊、搶刼等能避免發生。因爲在這方面所付出的就是企業家投資的一部分成本。此外，要使我們的政治環境、經濟環境更理想，那就不要再發生類似過去的中壢事件、高雄事件。譬如鄰國韓國，由於政治上的不穩定，不僅造成外國人投資的減少，而且也造成訂單的減少。同樣的道理，如果我們政治不穩定，不但外來投資會減少，訂單也會減少，而且會影響我們的經濟發展，以及我們的生存條件。

㈡加速金融制度的改革，使我們資金供需管道能够暢通，使我們的利率由市場力量來決定。在經濟比較落後的階段，也許金融制度現代化不太需要，但今天我們必須要有一個現代化的金融制度，譬如我們現在之金融制度就有二套：一爲公開的，一爲地下的；前者包括政府的銀行、政府和民間共營的銀行，還有一些所謂信託公司、票券公司，在政府法令規定下作業；後者如錢莊、標會等金融活動。在前一體系利率較低，在後一體系利率較高。當政府開始降低公開利率，地下低利率可能會受影響而降低，但降低程度不一定相同。通常地下利率爲公開利率的兩倍或兩倍以上。社會上只有少數大型企業，或其信用在銀行界很強的企業，才有機會以公開的低利率得到銀行貸款，一般中小企業及一般社會大眾因爲不具備某些貸款條件，便得不到他們所需要的資金。社會大眾通常從地下銀行借到所需要的錢，不過要付出很大的代價，如果信用好，利率可能較低，否則就很高。此外，民間標會的盛行，就是銀行制度不健全的結果，無論是鄉村或都市，農、工、商等都參與這個活動。標會當然也有風險，不過較小，在一定期限內，可以借到所需要的錢，而且標會手續簡便，利率高些，但不需要付稅，因此其在社會上很流行。由於這兩種金融制度的併存，便產生跛腳的金融制度。過去幾年來學術界討論利率高低的問題，也就是因此而引起的。在這種情況下，要求政府降低利率，卻沒有一個很標準的依據，誰的聲音大，誰就可以影響利率的上升或下降，然而這種上升下降，與社會大眾是不大相關的。在這種不健全的金融體系下，目前還很難訂出一個爲社會大眾樂意接受的利率。社會大眾得不到他所需要的資金，即使得到了，也要付出很高的代價，這就是我們目前的金融體系實在情況。我們必須突破各種障礙，使其成爲合理的、現代化的金融體系。所謂合理的現代化即是希望所有公營銀行也能現代化，即企業化。銀行企業化必須排除很多法令的約束，使經理人員有充分的自主權。在現行制度之下，經理人員所要考慮到是否合乎某些法規，是否圖利他人，是否無呆帳發生。這些考慮使銀行無法發揮銀行應該發揮的本能。另一方面，如何將地下金融體系提升爲地上，更是個關鍵問題。這牽涉到我們應否考慮到民營銀行的問題，也就是應否將所有地下銀行納入民營銀行，而且使社會大眾在地下銀行所能享受到的好處，將來在地上銀行也能享受到。如此才有可能將目前兩個不同的體系變成一個體系。

㈢及時改革賦稅制度：目前的賦稅制度，雖然經過三十年來，時時在修正，在改良，但不能說沒有問題存在，諸如重覆課稅，企業家除了繳交營利所得稅，還要繳交綜合所得稅，這會影響企業家投資的意願。對此現象賦稅改革要加以考慮。同時，影響我們工業發展的還是間接稅。過去發展加工區，對企業家是以「稅」方面之利作激勵，這種作法是讓我們考慮到對某些稅也許不需要再徵收，隨之而來的問題是如何去支付國家龐大的支出。當然我們不希望政府用發行鈔票的方式來挹注，致導致通貨膨脹，使社會大眾身受其害，我們要建立一個完整、合理、公平的直接稅制來擔負政府的支出。直到現在，我們的關稅仍然是我們稅目中一個非常重要的稅。今天，我們講求冲銷、退稅的問題就是關稅的問題。如果有些產品、原料、機器、設備在進關時直接減免關稅，就不必以後再退稅。譬如有很多產品牽涉到生產成本，如果關稅稅率太高，就造成成本過高，於是又用低利率來貸款，或其他方式來減免。由於過程迂迴致增加了很多成本，也造成很多資源的扭曲運用。基於對這些問題的考慮，今後賦稅改革，一方面要加重直接稅的比例，一方面要考慮更合理的稅率。直接稅方面，到目前爲止，各方面批評很多，有人說我們稅是不公平的，中產階層的人負擔很多稅，有錢人負擔的稅反而相對地少。最近一份賦稅資料顯示出臺灣有四個行業在社會大眾認爲其所得最高，如律師、醫師、會計師和建築師。很不幸，在臺灣的醫生每年納稅平均只有四萬元，並非數據資料有問題，而是逃稅、漏稅的現象太多。目前有開業執照的醫生，每年只付四萬多元的稅未免太少，今天一般大學教授除去教書正常收入外，也許有些稿費、演講費等額外收入，但一年付出四、五萬元的稅未免又太多了。大家都曉得某些人雖未日入斗金，然月入斗金是可以確定的，而他們每年亦只付四萬多元的稅，難怪要引起社會大眾的不平了。同時我們也發現社會對政府的要求也是很多的，從來沒有想想對政府多要求一分，相對的，也要多付出一分，因為政府不是上帝，就是上帝，祂也沒有這麼大的能力。它多做一件事情，這件事情的代價是老百姓要付的，政府本身是空的，我們社會大眾沒有這種認識。對政府要求愈多，付出反而愈少，這種現象是不合理的。我們也聽過很多有錢人將鈔票藏於枕頭下、冰箱內，卻不願將之存入銀行，因怕存入銀行後，經稅務局查出其鈔票來源而予以課稅，此種心態實在不是一個健全國民所應有的，如果任由這種心態不健全地建立起來，就會影響直接稅的建立，使我們仍停留在間接稅制之下。如此，我們的關稅不會減輕，其他營業稅、貨物稅的稅率也不會降低。為什麼？因為大家對政府仍然有那麼多的要求，政府要用支出實現他們的要求，所以只有增加間接稅的負擔。

㈣人力供應的調節：生產的主要條件，一是人力，一是資本，如果人力不能及時調配，企業家也沒有興趣進行投資，同時人力供應方面，我們能否負起改變產業結構的責任，這就涉及我們的教育制度。當今我們的教育制度仍免不了受傳統教育觀念的影響，譬如一般人都想進入大學之門，而不願去讀專業學校，事實上我們迫切需要的是專業人才。今後臺灣的經濟發展、產業結構的轉變，都需要專業人才。大專院校所培植出來的人才，多不是企業家所需要的人才，因此要使產業由勞動密集轉到技術密集就非常困難。大家知道，當今我們的教育制度仍然有很多缺點，揆其原因，文化及傳統的因素佔很大的成份。今天我們須大量發展專業教育及技術教育，今後的大學教育不能再像過去一樣，漫無目的來發展。今後，政府當局對專業、職業教育期限應加以延長及加強。今天我們產業由初級轉變成高級，所需要勞工的技能和過去不同，也許過去勞工什麼都可以幹，因爲是非技術性工作。今後，一個勞工一定要有技術的本事，如果要從一個沒有技術的勞工轉變成有技術的，一定要經過專業訓練，而專業訓練的代價當然要由企業家和政府共同付出。在目前不景氣的時候，有很多失業及轉業的情形，我們希望政府能撥出一筆款項爲這轉業的過程負起責任，使沒有技術的勞工變成有技術的勞工，技術低的變成技術高的。現在技術進展得相當快，譬如紡織業，過去一個小女工可以看五臺機器，而現在一個小女工可以看五十臺機器，完全是自動的。如果小女工仍然只是小學畢業，怎麼可能看管五十臺機器，所以技術的轉變需要我們就人才的教育與訓練重新評估、重新加強。

㈤簡化行政手續：過去爲社會大眾所詬病的就是行政手續太複雜，它代表行政效率，也代表我們的官僚制度，在這方面，我們不能不檢討我們的法令規章。行政效率與法令規章密切相關，法令規章上規定的，行政手續上就不能免除，比如過去我國進口貨通關要蓋兩百多個圖章，就是個明顯的例子。同樣的，我們埋怨銀行作業，它也是受法令規章的約束，不敢逾越一步，以免落個圖利他人的罪名而入獄。因此，如果法令規章不改變，要想改變整個作業程序是很難的。

五、結論

一個優良的投資環境就是一個公平、自由競爭的環境。在這環境下沒有差別待遇，有能力者可發展，沒有能力者就被淘汰，這是很公平的。如果在這種環境下，有人享受了某些特權，他可以浪費、可以扭曲這個社會的資源分配；沒有享受特殊待遇的人就要付出很大的代價，結果使得我們的產業粗製濫造、逃稅、漏稅層出不窮。現在臺灣地下工廠很多，其前因後果，彼此都有關聯。我們的社會，如果前面提的每一條件都充分具備了，就會變成公平自由競爭的社會，不會有人因爲權力大，就能借到很多資金，而沒有權力的人，聲音就小，借不到資金。我們知道祇有在一個公平、自由競爭的社會，所有資源才能被充分而有效的利用；沒有特權產生，所謂「不平則鳴」也不會產生；經濟發展的成果才會爲社會大眾所共享，而不是只屬於某一部分人而已。我們的產品運銷到世界市場上，就不會讓世界其他國家當作是補貼的產品而課以高稅，或予以限制進口。我們希望我們的投資環境能夠改變，成爲一個公平、自由競爭的社會，唯有在這種社會下，我們自己的投資能夠繼續增加，其他國家的資本家、企業家也會到臺灣來提供資金，使我們臺灣的經濟能繼續發展。

（民國七十一年九月十九日臺灣省立圖書館演講要義後發表於民國七十二年六月「科學知識」第十七期）

因應未來競爭環境，經濟發展策略應有之調整

回顧最近十年國內外經濟情勢的演變，俯視當前社會經濟問題的湧現，瞻望未來經濟變動的趨向，我們經濟發展策略需要作適當的調整，唯有如此，始能有力突破當前的困境，使臺灣的經濟順利地邁向二十一世紀，並成爲二十一世紀的經濟巨人。

一、未來的競爭環境

過去二十年，世界經濟重心已從大西洋兩岸移到太平洋兩岸。在此期間，亞太地區的國家正以旺盛的競爭精神，不斷的提高技術水準，使這個地區的貿易量空前的增大，經濟持續的成長及生活水準的不斷上升。相較之下，許多先進國家在成長的步伐上，已顯露疲憊的神態。爲了增強對國內產業的保護與外來企業的競爭，北美的國家經由自由貿易區協定的締結，便形成一個經濟體。而西歐及南歐的國家也將於一九九二年結成另個經濟體，在貿易上

也有助於對其他地區或國家的抗衡。

在此期間，許多開發中國家的經濟，也有了長足的進步。尤其亞太地區，它們的經濟成長快速，生活水準也普遍提高。它們嘗試以廉價的勞力，配合由先進國家輸入的機器設備，生產二級產品，或以技術合作方式，從事製造生產，然後再將之出口，因此，在國際市場上，成爲具潛力的競爭者。

同時，自一九八〇年以來，社會主義國家的經濟也逐漸發生了變化。首先，中共推行經濟改革，有限度允許私有財產制度和市場經濟，經十年的努力，中國大陸的經濟也有了相當快的成長。最近兩年，蘇俄當局起而倣效，開放門戶，推動對外貿易的發展；越南、緬甸及東歐的國家也在積極改革其經濟制度。這些社會主義國家投入國際市場，固然使國際市場增加了更多的競爭者，但也爲自由世界的國家提供了廣大的市場。

以上這些經濟情勢的變化，使我們意識到未來的世界經濟將是一個競爭愈來愈激烈的經濟，優勝劣敗是必然現象。面對這種複雜的局面，我們該如何肆應？

二、應有的基本認識

四年以來，我們的政府一直在推行經濟自由化和國際化，復由於已開發國家，特別是美國，不時迫使我們降低關稅稅率，增大進口，並促使新臺幣對美金匯率不斷的升值。這兩種壓力使我們的經濟自由化加快腳步。由於這種變化，我們的產品不僅要在國外市場同其他國家一決勝負，也要在國內市場同它們一爭長短。

為了迎接國際競爭的挑戰，我們必須在國內建立一個自由競爭的環境。為了達成這個目的，我們必須加強改善我們的投資與生產環境。為此，政府所能做的，不再是低利融資、高關稅保護或是補貼，而是勞動力素質和科技水準的再提升。由於工資水準的不斷提高，臺灣不再是一個擁有廉價勞力的地區，要抵銷這個不利因素帶來的衝擊，唯一而有效的途徑，乃是不斷提高科技水準，以降低生產成本，提高產品性能和品質，並經常推出新產品。

三、經濟發展策略調整的原則與方向

根據前述的基本認識，我們經濟發展策略應作下列的調整：

㈠增大國內投資支出，創造美好生活環境：過去我們過於強調出口貿易及抑制進口貿易；也過於強調儲蓄及抑制支出，致國內生活環境日趨惡化。諸如各種污染問題仍未獲得適當的解決，而都市交通擁擠不堪，居住環境雜亂、休閒場所不足及文化活動不振等現象也急待處理。今後，政府應積極進行公共建設，增加投資支出。

㈡提高國際競爭力，分散外銷市場：外銷仍爲臺灣經濟成長的動力。過去出口貿易太依賴自由世界，特別是美國，今後要積極分散市場，從已開發國家分散到開發中國家，從自由世界分散到社會主義國家，都要加以爭取。

㈢改善產業體質，因應國內外競爭：臺灣的產業主要由中小企業所構成。這種產業有規模不經濟之弊，但也有肆應環境巨變的韌力。我們既無法以合併的方式，使其規模增大，只有從專業面和技術面，改善其體質著手。輔導中小企業由粗放經營改變爲精緻經營，由勞力密集改變爲技術密集，由外銷時之單打獨鬪改變爲團隊經營。

㈣建立海外基地，規劃投資與移民：爲了今後臺灣經濟之持續發展，建立海外基地至爲重要。如能在世界各地建立各種投資關係，再配合移民政策，則不僅可掌握當地的原料和廉價的勞工，更可藉此開拓外銷市場。爲此，對於海外投資，政府宜有妥善的配合政策，對於海外移民，政府亦應提供協助與輔導。

㈤公營事業民營化，藉以提高經營效率：當民營企業崛起，市場競爭增強時，公營事業因受制度上的限制，缺乏經營效率，致無法同民營企業競爭。故公營事業民營化乃成爲今後的必然趨勢。政府可利用公營事業民營化所獲資金，進行所需要的公共建設，更可發展民間需要但無力引進的科技。

㈥謹慎處理與中國大陸的經濟關係：無可諱言地，中國大陸的經濟有愈加開放的趨勢。單以其對臺灣的貿易關係而言，最近三、四年來，貿易總量激增。最近，中共政府當局更頒發投資條例，誘使臺灣業者躍躍欲試。基於政治上的考慮，政府當局並不鼓勵；其實，無論如何，不論從貿易發展的觀點，或三民主義統一中國的觀點，促進海峽兩岸之經濟關係，有其正面的效果。

㈦從整體經濟觀點解決農業經濟問題：多年來，臺灣農業的發展受到相當大的保護，但今後，臺灣農業所面臨的困境更爲嚴重。爲了徹底解決臺灣農業問題，農地制度必須加以修改，使其獲得有效利用；重劃農產專業區，並長期加以維護；改善運銷系統，消除中間剝削；使山林區的發展與休閒業的發展相結合，以增加農地利用價值；大量移出農業人口，減輕農村人口負擔，而移出的農業人口，一部分用來充實工業勞動力，一部分用來海外移民。

四、政府的決心，國民的配合

政府有責任爲未來的臺灣及統一後的中國，繪出一幅藍圖，並號召全國人民爲實現這幅藍圖而矢志努力。在統一中國之前，必須先將臺灣建設成爲亞洲的「瑞士」，爲實現此一理想，政府當局要有前瞻性的政策，堅定的決心，同時全體國民也要在行動上予以密切配合。相信到達公元二千年時，臺灣經濟固會步入先進經濟之林，享受更富裕的生活，而中國大陸的每一省份也將風起雲湧，向臺灣學習。

（原載民國七十七年十月十日中央日報）

當前國際經濟情勢與我們的因應之道

當前的國際經濟情勢

首先來看看當前的國際經濟情勢。大家都瞭解到，去（七十五）年是我們中華民國近六、七年來成長最快速的一年。同時，與世界其他國家相比，亦是經濟情況比較繁榮的一年。現在我們要談的是今後一、二年我們的經濟與世界的經濟情勢將如何地變化。

㈠經濟成長率

據資料顯示，今年和明年全世界的經濟仍能維持一個中度的成長。所謂中度成長，是指經濟成長率介於百分之三到百分之四之間。其中工業化國家，包括歐美及日本，今年的經濟成長率可能要比去年稍爲低一點，而開發中國家的經濟成長率則會較去年稍爲高一點。比如，去年美國與加拿大的平均成長率爲二·七%，預期今年爲二·五%，明年爲二·五%。而日本、紐西蘭與澳大利亞，今年的成長率可達二·七%，明年可能也是二·七%，而去年只有一・九％。歐洲共同市場去年經濟情況比美國好一些，今年的經濟成長仍然存在，不過成長率維持在二・一％，明年可能有二・五％的樣子。由於我國是一個貿易導向的國家，出口與進口佔國民生產毛額的百分比相當高，所以對已開發國家的經濟情勢發展非常重視。開發中國家去年經濟成長率平均三・八％，今年爲四・五％，明年可能達四・八％，比今年好一些。開發中國家包括的範圍比較廣，如石油輸出國家，去年經濟成長率下降，今年也是下降的，明年情況可能稍微好一點。而非洲國家，去年成長率只有二％，今年稍微好一點。亞洲國家，去年成長率爲六・二％，今年可能六・五％，明年可能六・四％。亞洲國家中，韓國最突出，去年成長率高達一二・二％，中華民國次之，達一〇・八二％，這是世界上兩個表現較特殊的國家。中東方面，去年經濟沒有成長，今年亦不高。中南美洲略有成長，成長率也低。因此就去年、今年和明年這三年而言，臺灣經濟可以維持一個適度的成長。

㈡通貨膨脹率

第二個大家所關心的問題就是通貨膨脹。這一年來，因爲世界上原材料價格下降，特別是去年石油價格大幅下降，對於世界的物價產生非常有利的影響，即很多國家都未發生通貨膨脹。比如說在已開發國家，去年平均的通貨膨脹率只有四％，預期今年可能爲四・四％，明年爲五・〇％。但是開發中國家就不同了，亞洲地區國家的通貨膨脹率算是比較小的，而中南美洲地區通貨膨脹非常大，有的國家甚至高達二五四%，以色列之通貨膨脹高達一五四%，這都是非常大的。這種現象，過去從未在我們中華民國出現過。由於我們預期今年和明年原材料價格不致於上升太大，同時石油價格仍能維持在一五至二〇美元一桶的幅度上，因此今年的物價上升幅度要比去年的物價上升幅度，也許稍微高一點。

㈢失業率

第三個大家所考慮的問題就是失業率。已開發國家，去年的失業率平均在八%，今年和明年仍可望維持在八%。北歐方面稍低，西歐方面較高，而西歐的國家平均在一〇%以上，這是一個非常不尋常的現象。這種不尋常現象與西方國家經濟結構變動有關係。就中華民國的失業率而言，去年失業率為二・七%，今年預期在二・三%左右，這個失業率在世界上來說，算是比較低的。

㈣國際貿易

全世界的輸出，去年實質成長率只有一・四%，今年實質成長率為二・四%，預估明年可達四・二%。至於當期的成長率，去年為八・一%，今年為一〇・四%，明年可能保持在一〇・二%，由此可預見未來國際貿易的情況還是很好的。

當前世界重要經濟問題

其次我們要看看我們所面臨的國際重要經濟問題是什麼？

㈠石油問題

第一個問題是石油問題。雖然石油價格去年從二八美元一桶，降至九或八美元一桶。但下半年又恢復上升達一七或一八美元一桶。石油問題，就國際而言，是個能源問題，就像是一個未爆炸的炸彈一樣。因爲石油終究是一個國際性的產品，它是許多產品的一個主要投入品。中東的國家，這六、七年以來，一直是個紛亂不已的局面。比如說兩伊戰爭持續進行，這兩個國家火拼的結果，若是伊拉克戰勝了，它對油價有較好的影響；反之，若伊朗戰勝了，整個局勢就會變得非常嚴重。因爲大家都知道中東這些國家，特別是沙烏地阿拉伯與科威特，它們與伊朗的政治立場完全相反，一旦伊朗戰勝了，會對這些國家的油田開採產生不利的影響，尤其對波斯灣，將來所產生的不良影響更大。所以說石油問題畢竟是我們時刻都應注意的問題。對我們而言，臺灣有九八%的石油要靠進口，其價格的變動，對我們臺灣經濟變動會產生很大影響。

㈡開發中國家的外債問題

第二個問題是開發中國家的外債問題，這是個非常嚴重的問題，當然我們是感覺不到的，因爲我們的外債總共只有八〇多億美元，而且這些外債大都是公營事業所借的，並不是沒有能力償還，而是它們的利率低，所以不急著還。世界上許多國家的外債非常大，看看它們外債的數字，大家一定非常驚訝它們怎麼能負擔起這些外債。比如說巴西，去年外債是一、〇七〇億美元，今年外債累積可能達到一、一二〇億至一、一二六億美元，明年外債可能累積到一、一六〇億美元，這是世界上外債最大的國家。大家都知道巴西是個物產甚爲豐富的國家，人口相對而言並不多，它竟然會有這麼多的外債。第二個國家是墨西哥，在六、七年前，世界上很多國家都羨慕墨西哥的財富，但是今天墨西哥也變成外債很大的國家了。它去年的外債是九七七億美元，今年的外債很可能超出一、〇〇〇億美元，而明年可能累積至一、〇〇〇億美元以上。第三個國家是南美洲的阿根廷，去年的外債是五二〇多億美元，今年外債是五六〇億美元，明年可能累積到五七〇億美元。第四個國家那就是韓國，其去年外債累積是四五〇億美元，而去年韓國對外貿易方面有了很大的改變，亦即過去多少年來韓國對外貿易一直是赤字，去年已從赤字轉變成剩餘了。今年韓國要用此剩餘來償還部分外債。所以說，韓國今年的赤字要從去年的四四九億美元多降至四一六億美元，明年可能降至四〇〇億美元。世界上第五大外債國家就是智利，它的外債去年達到三六〇億美元，今年增至三八〇多億美元，明年可能增加到四〇〇多億美元。第六個國家是委內瑞拉，它是個生產石油的國家，其去年外債是三〇五億美元，今年是三〇六億美元，明年可能為三〇二億美元。我們看看這些國家，其外債都非常龐大，而這些國家除韓國外，都是資源富饒的國家，而今卻都背負著巨額外債。世界總外債以美元來計算，高達六、三六四億美元。世界外債如此沉重，將發生什麼效果呢？這是世界上所有銀行家所關心的問題，也就是償還的問題。第一個影響是這些外債要不要償還，如果這些外債不償還，我們曉得世界上很多銀行，特別是美國或英國的銀行，很可能面臨破產的境界。因為這些債務國家，付不出利息，無法償還本金，那麼貸出款項愈多的銀行，其危險也就愈大了。第二個影響是這些債務國要償還外債會產生什麼效果。如果這些國家要還外債，就會減少從國外進口，也就影響到其他國家的出口，進而影響到許多國家的經濟成長。第三個影響是很多債務國會鼓勵出口，而其主要出口產品為農產品，勢必影響到美國農產品的出口。

㈢保護主義擡頭

保護主義擡頭是一個新的問題。保護主義的興起有兩個原因，第一個原因是這些提倡保護主義的國家，過去都是倡導自由貿易的國家，今天這些國家為何反過來提倡保護呢？因為它們的工業衰退了。我們可以從歐洲看起，很多歐洲國家的工業在衰退當中，接著下來是美國的工業在衰退。爲什麼美國的工業衰退了呢？第一是因爲美國工業的工資上升速度超過勞動生產力上升的速度。在這方面，工會扮演著非常重要的角色。像美國這樣的國家，工會力量非常大，當工會要求提高工資時，它們從未考慮企業家的負擔，也從未考慮勞動生產力是否有能力提高的問題。所以說在工資過度提高後，它們的產品成本增加了，導致美國產品無法在世界上與其他國家的產品競爭。第二、是因爲美國及西歐國家允許罷工的存在。因此，工會經常利用罷工運動來達成調整工資的目的。大家都曉得任何一個產業罷工之後，所影響到的不只是這個產業本身而已，而是整個經濟。比如說英國前年的煤礦工人罷工，長達三十個月，影響到英國經濟的成長。像美國這個龐大的國家，任何一個產業罷工持續下來，對整個經濟都有影響。所以企業家受了這個影響之後，就會考慮，如果有資本的話，爲何要在美國投資，何不到其他沒有罷工的國家去投資。在這種影響下，美國的工業逐漸衰退了。第三個原因是美國過去十年來，在技術進步方面，相對於某些國家而言是落後了，特別像日本。由於技術無法繼續進步，工資卻不斷地提高，所以企業家對成本不勝負荷之後，只有反應到物價上去。如果其物價在國際市場上屬於高者，自然就會失去競爭力，這是一個工業衰退的主要根源。

保護主義興起的第二個原因就是貿易赤字。由於前一個原因（工業衰退）發生以後，像美國，其貿易赤字就產生了，也就是說出口相對地少，進口相對地多。世界上很多國家可以利用其比較利益，生產很多產品出口到美國去，但美國無法利用它本身的比較利益，製造大量產品出口到其他國家去。比如說前年美國的貿易赤字爲一、二四四億美元，去年是一、四九四億美元，這個數字不斷地在增加，去年比前年增加二〇％，幅度相當大。預期今年其貿易赤字可能高達一、六二六億美元，比去年上升八・九％。像這麼大的貿易赤字，對美國人而言，確是一個非常沉重的負擔。大家都知道美國社會是一個利益團體所形成的社會，不管是工會也好，工商業界也好，它們都有利益團體，它們運用參議院及眾議院的力量，反應到國會，促使國會通過法案，要求政府去執行，這是美國保護主義擡頭的主要原因。

我們看看另個已開發國家，像英國今天也算是一個趨於沒落的國家，其前年貿易赤字有七十七億美元，去年高達一五二億美元，今年預期有一八四億美元。這些國家，在過去是非常富強，今天都變成了債務國。而美國從去年已經由債權國家變成債務國家。這些國家用什麼方式來施行保護主義呢？第一個很明顯的方式是限額進口。比如說我們出口到美國時，它給我們一個限額來限制。第二個方式取消對開發中國家的優惠關稅待遇（GSP），特別像開發中國家出口到美國，享受優惠關稅待遇制度，現在美國政府儘量促使享受 GSP 的國家儘早畢業。第三個方式是美國總統所倡導的公平貿易。公平貿易在我們來看，確實是一個互利的手段。因為在過去三十年間，不少開發中國家享受到美國低關稅待遇，可以自由地出口產品到美國，賺取美國的外匯，今天美國有了赤字，這些開發中國家也應該以公平的條件來與美國從事貿易。這個要求是非常合理的。第四個方式是要求對方貨幣升值。從前年九月份開始，日幣開始對美元升值，由當初的二五〇多圓日幣兌換一塊美金，演變至今一五〇日圓兌換一塊美金，升值的幅度超過四〇%。今天美國政府又運用對日本所用的方式運用到我們中華民國身上，想要我們的臺幣繼續不斷的升值，以減少我們對美國的出口，並藉此平衡貿易。

以上是今天我們的世界所面臨的三個重要經濟問題。對於石油問題，雖然不知道那一天會發生，但是我們必須要提高警覺來應付這個問題。至於外債問題，由於我們國家沒有什麼大的外債，它們的影響層面主要是在世界的金融體系，所以我們不太關心。保護主義擡頭的問題是我們最關心的問題，我們必須好好應付保護主義，才能保持我們經濟的持續成長。

我們的因應之道

第三部分我們所要討論的是因應之道。首先在保護貿易方面，我們用什麼方式來處理這個問題？

第一，我們必須放寬進口：我們了解放寬進口後，對某些產業有利，對某些產業則否。比如說放寬進口上游工業的產品，則過去所保護的上游工業受害，但是中、下游工業則佔便宜。如果保護的產品是中游工業產品，放寬進口後，下游工業受到好處，中游得不到好處。這種利害關係，我們已經瞭解到了。今天美國提出公平貿易，我們必須放寬進口。如果進口速度無法像出口速度那麼大，外匯累積的速度就會愈來愈快。去年我們的盈餘是一五〇億，事實上累積外匯已達五二〇億。在日本，它們採取一個比較開放的外匯政策，即大部分的外匯資產由民間持有，它們可以到世界各地去從事直接或間接的投資。在臺灣，因為我們是外匯管制的國家，所有的外匯都必須賣給中央銀行。中央銀行一方面收取外匯，另一方面放出臺幣給工商業。在這種運作之下，外匯供給不斷在增加，另一方面貨幣供給也不斷增加。幸虧去年因為進口價格不斷的下降，同時工資上升沒有超過勞動生產力，所以去年還保持穩定的物價。如果這種現象持續產生，貨幣供給量增加率繼續維持在四七%或五四%的幅度，這對通貨膨脹就有很大的壓力。一旦國際物價上升，這種壓力就會產生很大的影響，所以說開放進口是必要的措施。

第二個是放寬外匯管制：今天因為很多制度是在三、四十年前訂定的，在當時臺灣還是個貧窮的地區，我們缺乏外匯，所以對每一分錢的外匯都必須要珍惜運用。但今天情況改變了，由於我們擁有太多的外匯，若外匯的供給超出外匯的需求，則臺幣將會不斷地升值。臺幣不斷升值後，出口價格將不斷地上升，如果超出某個限度，產品競爭力就會喪失，進而影響出口。一旦出口成問題，連帶著工業生產也會出問題，因而失業問題也就發生了，同時經濟成長也會產生停滯或衰退現象。今天若我們還接受過去對外匯的看法與措施，累積的外匯會愈來愈多，受到外匯的壓力亦就愈來愈大。在這方面我們可以預見的是，如果我們繼續保持外匯制度不變，我們每年所增加的貨幣供給量恐怕仍會維持在四〇%以上，進口價格一旦上升，國內通貨膨脹發生的可能性就愈來愈大了，所以放寬外匯管制也是我們未來努力的方向。

第三個是海外投資：七、八年以前，我就主張海外投資，那時候一般人認爲海外投資是一種資金逃避，資金外流，因而被認爲是不當的行爲。今天看看我們需不需要海外投資？當然我所強調的海外投資，並不是開餐館、買房地產的投資，而是指將外匯運用到對我們經濟成長最有利的途徑上去。日本在這些方面有些值得我們學習的地方。過去十年來，日本在美國大量投資，收買許多快倒閉的高科技工廠，一方面爲當地的老百姓提供就業機會，另一方面可以承接所有的精密技術。過去臺灣用各種方式引進外人投資，期能產生技術移轉，但是效果不彰，像加工出口區等，我們所能夠引進的，只不過是增加就業產生的效果。如果我們借助留美的學者專家們的才能或經驗，去購買美國的科技性工廠，經過購買的程序，可以很快地引進美國的技術。除了美國以外，我們的海外投資也可以選擇到開發中國家去進行，比如說到一些資源豐富的國家去，像日本一樣，對這些國家進行直接或間接投資，來掌握原料。這幾年來，這種海外投資也是逃避保護主義的途徑。例如到不受保護主義影響的國家去從事直接投資與間接投資，以廻避我們自己所受到的保護主義的影響。這是一條可行的途徑，當然這條途徑還需經時間的考驗。

第四個是以理力爭：今天美國人希望我們的新臺幣升值，他們對三四元臺幣兌換一元美金不滿意，對三三元臺幣兌換一元美金亦不滿意。報載有位經濟學家主張要臺幣二〇元兌換美金一元，這種想法當然是站在美國立場的片面想法。我們面對這種想法，要以「理」來爭，不要用「利」來爭。要以理去爭，其道理是因美國的社會是一個選擇自由的社會，個人有選擇自由，生產者與消費者都有選擇自由。消費者可以自由地到市場上去購買最便宜而且品質最好的產品，他才不管產品是從那裏來的。同時生產者也可以自由地去購買市場上所提供的便宜且合乎規格的零件，他不需要百分之百的零件都自己去生產。在這種選擇自由的原則下，美國人需要進口，不是我們強硬逼迫他們進口，美國商人進口世界上價格最便宜而且品質相當好的產品，來滿足國內消費者與生產者的需要。今天國際上的貿易商對世界商品的價格消息都非常靈通，他們可以排成次序，如果甲國的產品因其幣值升值而價格上升，貿易商立即轉向貨幣未升值的乙國去購買他所需要的產品。過去美國人的確採取這種策略，比如從前年日幣與馬克開始升值，升的幅度比我們大很多，致新臺幣相對日圓與馬克還是貶值的局面，美國的訂單有不少從向日本訂購轉向韓國、臺灣，甚至轉到香港，使我們享受到一部分日圓升值的成果。美國對日本的貿易赤字沒有減少，同時對其他國家的貿易赤字更沒有減少。從另一方面來看，如果美國要求一個與它貿易的國家貨幣升值來抑制這個國家對美國的出口，當然會發生某種效果。如果這個國家的貨幣升值超出了某種限度，造成工廠倒閉，經濟衰退，試問這個國家能不能還從美國進口？也就是說強迫這個國家貨幣升值後，固然對美國的出口減少，而該國從美國進口也相對減少，在這一減對一減的情況下，對美國到底有多大的利益，實在很難說，因此這種方式不是解決問題的辦法。並且貿易商很精明，他們會到世界任何國家去尋找價格較低的產品，來補充原來缺少的產品，因此對美國貿易赤字的減少，不會有任何效果。除非世界上所有國家的貨幣都升值了，而且產品價格都超出美國的產品，在這種情況下，也許會發生效果。實際上，這種境界很難達到。這些道理我們應該有機會向美國人反應，讓他們知道採取這些措施以後，對他們不利，或許他們聽懂這個道理後，不再採取這種措施來對待我們。報載有些美國議員及政府官員，並不贊同強迫我們新臺幣繼續升值，以減少我國對美國的出口。無論如何，這是一條可行的途徑，我們當以理力爭。

第五個是遊說團的策略：英文名字叫 lobby，過去幾年來，日本人的遊說團很厲害。大家都知道美國的社會是一個利益團體所形成的社會，它們的民主制度也是利益團體所形成。日本對美國的出超每年都爲我們對美國出超的六到七倍，但是日本所受到的壓力沒有我們臺灣所受壓力的六至七倍大，其原因是日本過去在遊說團方面成果顯著。在華府地區有兩百多個遊說團，如果能夠技巧運用，美國對我們不利政策的通過，也會減少。

第六個是放長線釣大魚的長期策略：一九七二年日本首相到美國去，帶著一千萬美元，在美國十個大學設立日本文化講座，用這種長期捐獻的方式影響美國的學者來爲日本人說話。同時日本企業在過去美國經濟情況不好時，曾捐獻給美國的研究機構，所以我們常看到，在美國國會要通過一個不利於日本人的法案時，這些研究機構就在紐約時報、華盛頓郵報等報紙，爲他們說話。至於爲這種現象來爲臺灣說話者，到現在還未見到。我們過去在這方面做得太少而且也太短視了。雖然我們政府有這麼多的外匯，也不願去放長線釣大魚，民間企業也沒有這個興趣如此做，往往在問題發生後，才倉促成軍前往華盛頓地區去進行說服工作。大家想想看，人與人之間的關係絕不是三、兩天就能建立起來的，因此能否發生效果，大家可想而知。以上所述六種方式都是我們面臨保護貿易問題所應採取的措施。

其次就是石油問題。過去大家在報紙上看到消費者運動者、民意代表等主張石油價格應該充分反映成本，應該降低價格。這種觀念形成一種力量，致使幾乎所有大眾傳播媒介都不刊登主張不降價的任何言論。我們來看看消費者也好，民意代表也好，他們支持石油價格下降反應成本的論點是否正確。現在我們要重新且很有理性地來考慮這個問題。因爲石油是國際性的產品，對臺灣來說它是一種獨佔性的產品，而我們的公營事業每年都要盈餘繳庫，那種盈餘實際上是屬於間接稅的性質。假使今天我們考慮石油降價，試問我們所憑藉著是什麼？當然是考慮成本。而我們所考慮的又是那個成本？如果考慮的是石油公司的會計成本，那麼我們便忽略了社會成本。因爲石油消耗多了以後，對社會造成污染，這部分就是社會成本，而且是要我們社會大眾來負擔的。如果考慮到這項成本，今天我們的石油價格就不是這個價格。事實上臺灣的石油以及電力產品的價格，與美國或日本、韓國等相比較，並不是高的，而是低的。可是今天很少人重視這個現實，而希望能夠調整。另一方面，今天政府的處境非常困難，大家都希望政府做很多事，都不希望納稅。在這種情勢下，是希望油價維持在某個水準不變，還是希望老百姓增加所得稅來支援政府的公共支出呢？我想如果老百姓了解這個道理，他們便不會再強調希望石油價格下降多獲些利益，事實上我們的石油價格再降低以後，他們也不會得到太多的利益，這是我們對石油價格的一種看法。我們應該有石油價格政策，石油價格應該是以課石油稅的方式來調整石油價格的高低。

再次就是健全更新我們的產業結構。實在說，今天我們有很多產業的結構還是非常脆弱，經不起外來的衝擊。如果今天這個機會不能把握住，來徹底健全產業結構，今後在國際競爭下，我們的產業恐怕難以存在。所謂健全產業結構，一個是經營部門，一個是生產部門。生產部門必須要不斷地研究技術，經營部門應不斷的更新，雙管齊下，才能使我們的產業健全起來。

以上是個人對因應這些問題所得的幾種看法，對這些看法，不一定大家都同意，也許值得各位來考慮的。

結論

今天世界經濟是在景氣循環的軌道上變動，而且循環的時間愈來愈短了。在二次世界大戰後，世界各國景氣的循環曾經消失過，當時只感覺到每個國家都在成長，並沒有什麼衰退的現象。但自從一九七三年能源危機發生以來，這個世界的經濟循環現象又非常明顯了，不到幾年景氣來了，馬上衰退也跟著來了，頻率變化的非常快，這種現象是我們必須要正視的。如何應付這種景氣循環變化的現象，正是我們要特別重視的。

其次保護主義是一個國家沒落的殺手鐧。我們看到一個國家處於昌盛時，它所強調的是自由貿易，但是當一個國家強調保護主義時，這個國家一定是沒落的國家。今天美國正在強調保護主義，這也就是說今天美國的經濟在沒落了。這並不是警人之語。我們可以從歷史的發展過程中來看，第二次世界大戰以前，歐洲是最繁榮的地區，而二次大戰以後，要屬美國最繁榮了，今天我們看到不少的西方國家都同意今後是我們亞洲國家最繁榮的時代，特別是日本、韓國、還有我們中華民國。這種歷史發展，從歐洲到北美，再從北美到東亞發展，在在顯示強調保護主義只是一個國家阻止衰退的殺手鐧而已。

第三個是國際競爭，這是我們今後要因應的主要問題。大家都曉得世界市場在國際競爭下，仍然有限的，如果我們多爭取一份佔有率，其他國家就會減少一份佔有率，雖然說所得不斷的增加，可以擴大市場的範圍，但是大家必需瞭解到在競爭市場上適者生存不適者則亡的道理，這是個非常現實的問題。在這方面，我們須要培植我們的競爭能力。如何來培植競爭能力呢？過去我們喜歡採行保護政策，對幼稚工業、民族工業等進行保護，今天我們發現，任何一種產業，在保護條件之下是不可能成長的。就像一個小孩子，如果家庭對其保護過度，這個小孩子是長不大的。對於一個國家而言，更是如此。今天我們應該培植我們的競爭力量。這種競爭力量的培植，就像體育選手的訓練一樣。我們希望每一個選手，不僅在國內是一顆閃亮的星，在國際運動競賽上，他也是一顆閃亮的星。爲此他必須經過多次的競賽，才能鍛鍊出他的競爭能力來。所以說我們的任何產業，必須要參與國際競爭。今天我們必須先在國內造就一個自由競爭的環境，培植企業的競爭力量，一旦到國際舞臺上就能大展身手了。爲此，在國內我們需要一個競爭法則。我們都知道任何一種競賽，一定有法則存在，大家在這個法則下從事競爭，超出這個法則，便不可能競爭。這個法則就是我們的工業發展應該有個策略，在制度方面應該有些規範，而且這些規範應該符合現在及未來的發展。這些規範存在以後，企業家在這個環境下，努力地去工作，努力地去參與競爭。但在競爭的過程當中，我們不要忽略技術的提昇。技術分軟體的與硬體的，在軟體技術方面，如經營上的知識與技術，在硬體技術方面，包括生產技術。對於這兩方面，我們必須要繼續不斷的創新與發明，因爲它是支持我們在國際市場上競爭的主要力量。

（此爲演講紀錄，原載民國七十七年臺灣產物保險核保人協會「會報」第六期）

善用外滙，促進經濟升級

一、外滙存底與國內金融現況

到民國七十六年五月底，中華民國外滙存底已累積到六百億美元，約等於七十五年國內生產毛額的百分之七〇。就與各國比較而言，此數額較西德稍低，但較日本爲高。此一巨額外匯存底不僅招惹美國增強其對我之保護主義措施，平添許多與我有邦交之落後國家對我乞貸的藉口，也爲國內物價上漲形成巨大的壓力。

由於外匯運用得不到適當的出路，外匯市場乃呈現美金賣超現象，從而導致新臺幣對美元的不斷升值，也誘使投機性「熱錢」的大量流入。這些熱錢流入之後，先則炒熱股票市場，繼則成爲干擾外匯市場的一股力量。股票價格之快速上漲，已由七十五年底之九百多點上漲到一千八百多點。同時由於出超現象之繼續存在，中央銀行爲購取美金所放出之新臺幣仍繼續增加，每月貨幣供給（M_{1B}）增加率乃以百分之四七的年增加率成長。由於貨幣增加率過速，利率仍呈現下降的趨勢。儘管利率已相當的低，但國民毛儲蓄率仍很高，七十五年爲三六・七%，七十六年第一季爲四一%。一般銀行鑒於貸放增加率不高，對巨額存款已不表歡迎，致使部分社會大眾進入股票市場，搶購股票。最近半年來，股票價格之大幅上漲與此密切相關。

二、減少外滙存底之做法

臺灣外匯存底之不斷累積已成爲國際話題，因此，減少外匯存底之累積已成爲當務之急。外匯存底之累積可分爲四部分：⑴前期所累積的外匯存底，⑵運用前期外匯存底所孳生之利息，⑶當期貨物與勞務輸出大於輸入所產生之出超，⑷當期資本淨流入。減少外匯存底之做法須視這四部分之性質而定。首先就前期所累積的外匯存底而言，這一部分之減少，最自然的方式就是入超的發生和資本淨流入變成負數。如果這兩種方式均不存在，前期所累積的外匯存底就不會減少。有人認爲，基於安全上的理由，這部分外匯是需要的，不能減少。但是，在短期內，不宜再令其繼續累積。

運用前期外匯存底所孳生之利息，除前述兩種方式可使其減少外，與前期所累積的外匯存底一樣，無法用其他方式將其減少。減少外匯存底最有效的辦法，厥為採取各種措施，使輸入大於輸出，產生入超。唯有在此情況下，原累積的外匯存底才會減少。大量開放進口的措施會增加輸入，而新臺幣繼續升值則會減少輸出。如果輸出的減少大於輸入的增加，就會產生入超；如果輸入的增加超過輸出的增加，也會產生入超。為了支付入超，則需支用過去所累積的外匯，因而使外匯存底減少。資本流入主要視外人投資多寡而定。不過，在短期，熱錢湧入扮演一重要的角色。資本流出主要視對外投資而定，而「資金逃避」主要緣於政治情況之不穩定。在外匯管制解除之前，資本移動受較大的限制。

減少外匯存底的有效辦法就是大量開放進口和積極推動投資活動。茲將其略述於下。

㈠大量開放進口：影響進口的主要因素為：⑴握有之外匯多寡，⑵經濟成長程度，⑶關稅稅率高低，⑷非關稅障礙，⑸投資意願，及⑹消費傾向。外匯存底之累積和經濟成長代表一國之購買力。就此兩因素而言，中華民國之購買力顯然相當的大。購買力雖大，但購買力之能產生作用則在於投資意願及消費傾向。這兩個因素對於進口之多少十分重要。關稅稅率之調低非及關稅障礙之減少，完全取決於政府的政策。自七十五年秋起，投資意願已有起色，而自七十六年春以來，民間投資支出即呈大幅度之成長。為使投資能維持較高的水準，公共投資支出持續作大幅度之增加仍屬必要。為了增加進口，關稅稅率宜繼續降低。關稅稅率之大幅降低，一方面可減少保護主義責我之藉口，另方面可降低進口價格以及生產成本。在此情況下，過去所採行的外銷退稅可以完全取消。至於非關稅障碍，宜先由公營事業做起。爲了增加進口，對於社會大眾所喜存的黃金亦應自由進口。這些進口對於減少出超會有幫助。

㈡推動對外投資：對外投資之方式很多，有些對促進經濟成長，增加就業機會並不一定有幫助。在目前，個人對外投資主要爲買房地產，外國公債、證券，經營汽車旅館，餐館等。這種方式的對外投資對臺灣之持續成長並無裨益。充其量，它祇能減少某種程度的外匯存底。對經濟發展較有貢獻的，厥爲能達成下列目的的對外投資：⑴可引進新的科技，⑵可規避保護主義國家的進口設限或配額，⑶可掌握工業生產用原料，⑷可在國外建立貿易的灘頭陣地。爲達成這些目的，在短期內，實無有效的投資方式可資選擇。例如購買外國公債或股票雖可減少外匯存底，但須冒新臺幣繼續升值的風險。在長期，下列的方式是值得考慮的。在已開發國家：⑴在外國學術研究機構設立講座，或研究基金，⑵同外國技術研究機構訂立合同，資助其研究，並將其未來研究成果歸我所有，⑶購買外國的高科技工廠，聘請有經驗的專家協助經營，⑷在外國成立科技研究中心，聘請華裔專家參與經營，⑸購買外國銀行，以融通對外投資。在開發中國家：⑴增強與當地企業家的合作，開發我們所需要的產業原材料，⑵有計畫的鼓勵海外移民以建立海外貿易的灘頭陣地，對於這種移民，政府應給予協助，包括貸款安家與立業。

除此，利用部分外匯拓展外交也有其需要。

三、如何運用外滙存底以促進國內投資

出超之所以形成，主要是因爲出口大於進口。如何增加進口，當以增加國內投資爲最具效果。目前，政府正進行十四項建設，它對運用外匯，減少外匯存底有幫助，但尚不够充分。值得考慮的是：增加何種國內投資，足以支用較多的外匯，同時對促進經濟的持續成長，改善臺灣的生活品質及環境，有較大的貢獻。茲將其簡述於下：

㈠改善中小企業的體質：中小企業有兩個共同問題須待解決，一爲生產技術，一爲管理技術。爲此，宜由政府當局有計畫地聘請先進國家剛退休，或行將退休之技師，管理專家來臺灣爲中小企業作診斷，然後就診斷結果，進行技術的改進或創新，俾達到國際水準。

㈡提高工技教育水準：聘請有經驗之國內外專家，協助改善工專學校之教學內容，並更新工專學校之實習設備，以培植高水準之技師與專家。

㈢消除污染來源：對於污染來源首先加以界定，然後以最有效的方式加以消除。對於已

造成污染的工廠，由政府協助民間尋找最有效的工具，於某一期限內，改善污染。對於新設立的工廠，提高其防治污染的投資扣抵率。

㈣積極推動研究與開發：一般中小企業多無能力從事研究與開發，但研究與開發對提高生產力愈來愈重要。爲此，公營事業應扮演媒劑角色。即由公營事業建立夠規模的研究單位，聘請國內外專家，積極開發新產品。然後再將這些成果轉移給中小企業去推廣。

㈤由政府出資建立有發展前途但風險大的產業，一俟其基礎奠定了，再轉移給民間去經營。

㈥鼓勵工廠加速更新設備，藉以引進附著機器的技術。

㈦興建環島公路或鐵路，以加速對臺灣東部地區之開發。

四、建立「海外經濟發展基金」之可行性

開放海外投資已是一個獲得大眾共識的發展策略。對大企業而言，無需政府給予特別的協助，但對中小企業而言，不僅需政府的輔導，而且需由政府來融資。同時前面所提到的幾種海外投資，諸如購置外國工廠及外國銀行，資助或設立技術研究機構等等，因其需冒相當大的風險，且是民間企業多不願從事的投資。對於這些投資，如果能由政府籌措一筆發展基

金來進行，應該是可行的事，而這筆基金之籌措需經法定程序。

五、總結與建議

外匯存底不斷的大量累積已成爲我國的重大經濟問題，因爲在國際上，它已成爲保護主義者減少進口的藉口；在國內，對通貨膨脹亦形成一種壓力。因此，善用外匯以促進經濟升級已成爲政府當局亟待解決的問題。

減少外匯存底的方法很多。對內而言，最有效而最快的方式是大量開放進口。如何使進口大量增加，一方面須激勵公私部門的投資，另方面須提高消費傾向，提升生活品質。對外而言，海外投資有其必要。但海外投資須以引進新技術（包括生產技術及管理技藝）；掌握生產原料爲前提。無論國內投資或海外投資，政府應扮演一個積極的輔導與推動的角色。

（民國七十六年六月）

面對競爭，必須提高競爭力

近四十年來，臺灣經濟能保持高度的成長，主要是因爲採取了以對外貿易爲導向的發展策略。這種模式的經濟，爲產品開拓了廣大的國外市場，也爲生產提供了所需的原料和機器設備。而對外貿易的迅速發展，維持了臺灣的高度經濟成長，也創造了連年的出超和龐大的外匯存底，使中華民國在世界經濟舞臺上，成爲一顆受重視的明星。

外滙存底帶來問題

然而，近年來龐大的外匯累積也引起很多困擾，像美國與臺灣的貿易關係就變成一個複雜的問題。美國政府一方面利用「公平貿易」的原則，要我們敞開海關的大門，容納更多的美國產品的輸入；另一方面運用政治上的壓力，迫使新臺幣對美金繼續作大幅度的升值；甚至更進一步要我們用揠苗助長的方式，大幅提高勞工權益，以增加生產費用，削弱我們的輸出能力。

面對如此艱困的局面，我們的對策是什麼？能放棄對外貿易發展的策略嗎？國內市場太小，既不能胃納目前水準的產出，何來進一步的經濟成長？是否堅持對外貿易的發展？如果答案是肯定的，那就必須增強國際競爭力量，突破保護主義的障礙，使我們的經濟能够翻越外貿另座高山，臻入持續成長的局面。同時更要調整國內需求，擴大進口，並使生活環境獲得廣泛的改善。

今天我們問題的癥結可歸納爲：對外—出口大於進口，造成大量出超；出超過多，因而造成巨額外匯存底，增加了國富，提高了國際地位，但也引起保護主義的反撲及貨幣供給過多，前者使出口產業陷於困境，後者對通貨膨脹形成莫大的壓力。對內—儲蓄大於投資，造成銀行濫頭寸加多，利率下落，投機與賭博之風猖獗。要解除這些癥結，其關鍵不是在抑制出口成長，而是在擴大進口；不是在不再儲蓄，而是在增加投資，提高生產力，改善生活環境。

必須積極分散市場

㈠出口的持續成長：出口仍續保持適度的成長，因爲臺灣的很多產業是爲出口而建立的。由於國內市場小，無法容納目前產能所提供的產品，所以一定要出口。但對於出口，今後須採取積極分散市場的方式。過去太過依賴美國市場，致受制於美國政治干預太多，這一局面必須予以打破。

至於如何分散市場，須有一套有效的做法。多年來，我們未能有效地分散市場，主要的是由於⑴所製產品的特性尚不符合開發中國家的需求，或者說，我們所能出口的產品與很多開發中國家所生產的雷同。在這方面所應努力的，不是製造勞力密集的產品，而是技術密集的產品或資本密集的產品，如生產工具，因爲這種產品較爲開發中國家所需要。唯有生產性能高而價格較低的生產財，在開發中國家才有售出的希望。⑵行銷人才的條件尚不符合在其他已開發國家推銷應具有的條件。這種現象以歐洲地區爲最嚴重。我們的行銷人才對歐洲各國的語言，風俗習慣及文化，尚不够熟悉，致對這個地區的行銷多賴外商進行，無法使其達成我們的願望。爲此，政府當局必須積極訓練此方面的人才，改變公費留學的地區是個重要的政策，亦即應考選較多的學生到歐洲留學，而非集中在北美地區。祇要能使外銷市場作較廣的分散，就會減輕美國保護主義對我們的壓力。

大量進口減少出超

㈡進口的大量開放：過去對出口的各種獎助是造成今日出口大增的一個重要原因；而進口之未能相應增加，主要是因爲對進口一向實施各種程度的限制。例如關稅稅率相當的高，而非關稅障礙也不少。今後所應努力的，是將關稅稅率作有計畫較大幅度的降低，如此，一方面可減輕原材料的生產成本，另方面，因外來競爭力量下，國內產業會因刺激而摒棄被保護的心態，增強競爭的力量。

我們知道在選擇減少出超的對策上，如不大量開放進口，就需使新臺幣升值。但是大幅一次式升值會使大部分出口產業喪失競爭力；而小幅逐漸升值方式，又會產生預期心理，誘使熱錢流入。同時，大量開改進口會使國內部分受保護的上、中游產業遭受外來競爭的衝擊，但不會使大部分出口產業喪失國際競爭力。

㈢擴大國內需求：增加進口可減緩出超，但需以擴大國內需求爲先決條件。國內需求分民間部門和政府部門。先就政府部門而言，有兩方面需增加其需求：

增加政府消費支出

⑴政府消費支出應與國民生產毛額保持一適當的比例。但是多年來，政府消費支出的成長率一直低於國民生產毛額的成長率，致兩者的比例也一直在下降。爲提高政府消費支出在

國民生產毛額中的比例，應對軍公教人員的待遇繼續作某種程度的提高，使其不低於民間的待遇。

除此之外，基礎教育的發展亦需要加強，如國民中小學教室之改建、增建、桌椅之更新，每班人數之減少，學習環境之改善，大學研究環境之改進等。社會福利方面也應作某種程度之增加，例如大衆醫療設施，休閒活動空間的開闢與充實。

⑵政府投資支出要增加，諸如公共設施之補充與擴張，都市快捷運輸系統之建立，南北運輸速度之加快，全省公路之擴展等。

再就民間部門而言，投資支出需要繼續增加，但這種投資支出的增加，政府能夠做的，是如何誘使他們增加投資支出。爲此，凡有礙於投資的法令規章必須大加修改，凡不利於投資意願的因素，必須設法消除，因爲提供一個優良的投資環境是政府的責任。

積極進行海外投資

㈣進行海外投資：臺灣本身的市場畢竟有限，增加出口是無法避免的一種經濟活動。在可見的未來，出超現象仍會繼續存在，而外匯存底也會有增無減。處在這種情況下，積極進行海外投資有其必要，海外投資的途徑可從三方面作選擇：⑴到已開發國家建廠或購買工廠，或資助當地的科技研究單位，以期通過這些途徑，引進所需要的高級科技。⑵到開發中國家設廠或從事技術合作，以利用當地的廉價勞工，使在國內未充分利用的機器設備得到充分利用，同時因減少勞動成本，可增強產品的國際競爭力。最重要的，可掌握當地的原料供應。⑶有計畫地在世界主要都市購買不動產、設立商店，以建立對外貿易的灘頭陣地。除此，要改變對移民的規定。今後不但不應限制國人移出，而且要協助其移出，因爲這些移民都是擴張對外貿易的先頭部隊。這些作法有助於外匯存底的有效運用，也可藉此抑制國內貨幣供給的大幅增加。

提高國際競爭能力

㈤提高國際競爭力，國際競爭力是很多因素的組合。其中最重要的是技術水準、工資水準和行銷能力。工資水準之高低須與技術水準合在一起考慮。就是在任何情況下，工資增加幅度不能超過技術提升幅度（或生產力增加幅度）。提高技術水準須從兩方面加強：⑴硬體技術：通常指生產技術，⑵軟體技術：多指經營管理技巧。

在硬體技術方面，要強調基礎技術的紮根。在這方面，我們應有計畫地聘請外國資深而經驗豐富的技師爲我們的中小企業生產作診斷、訓練與指導，使所生產的產品合乎國際標準。同時，要延攬在國外退休或行將退休的華裔工程師、科學家返國，較長期地協助國內公私研究機構，發展高科技，以引進我們所需要的尖端科技。惟有基礎技術與高級科技密切結合，始能使技術紮根，進而創出自己的技術。在工資水準方面，要隨着經濟成長，作合理的提高，但不要超過生產力的提高。至於行銷能力，我們應加強的，是對歐洲、中南美、中東及東南亞各地區的行銷能力。由於這些地區使用不同的語言，而有不同的文化與風俗，必須使行銷人力具備這些條件。

優勝劣敗無法避免

最後，我們應強調的，未來世界是個競爭更加激烈的世界，優勝劣敗是無法避免的競爭結局。我們必須面對這個競爭世界，提高競爭力。祇有提高競爭力，才能化解保護主義的風浪，也才能使新臺幣升值所產生的損失減至最小。也祇有提高競爭力，才能有力分散我們的市場，掌握所需要的原料。同時也才能使自己免除陷入開發中國家惡性競爭的漩渦。同時，進口自由化的腳步必須加快，使國內的需求能隨着經濟的成長作大幅度的增加。爲達成這些目的，政府的各種政策必須予以密切配合，而全國上下更須向共同的目標奮發努力。

（民國七十六年十一月十日發表於大華晚報）

新作法，大魄力，積極調整產業結構

臺灣經濟經過長時期的高度成長和溫性的通貨膨脹，卻因近年來激烈的國際競爭和紛擾不已的各種社會運動，呈現出欲振乏力的狀態。面臨這種情勢，無論決策官員和有識之士，均意識到我們的經濟確處於一個轉捩點上。在這個轉捩點上，需要在產業結構上作徹底的調整。如能調整成功，我們的國家會像一九七〇年代的日本一樣，重又恢復穩健的發展，躍升爲工業化國家：如瞻前顧後，缺乏魄力，缺乏適當的對策，也會像一九八〇年代中南美的國家一樣，保有高度的成長固不可能，維持中度的通貨膨脹也有困難。

產業結構亟待適當調整

在今天，無論是以對外貿易爲導向的經濟，或是以國內需求爲導向的經濟，都無法避免國際競爭的挑戰。要想贏得國際競爭的挑戰，對大多數國家而言，不再是低工資水準，而是科技水準的不斷上升。近年來，部分西方工業化國家，因勞工成本增加而生產力未能相應提高，許多產業禁不起國際競爭的挑戰，乃變爲夕陽產業。這些國家爲了保護這些產業的存在，便採行保護主義的措施。而臺灣，由於多年來出口激增，乃累積了大量的外匯，因而導致新臺幣對美元的巨幅升值，其結果是出口競爭力降低，出口產業因出口不振，便產生經營上的困難。爲突破保護主義的屏障，贏得國際競爭的挑戰，適應新臺幣升值後的局面，產業結構必須儘速作適當的調整，而調整的手段，除維持一個優良的投資環境外，必須使科技水準不斷的提升。唯科技水準提升，生產成本才會下降，而品質才會改良，競爭力才會提高。

提升科技水準防杜汚染

近年來，臺灣的社會問題層出不窮。有些問題是長時間累積下來，未得到妥善的解決；有些是因環境變化太快，調整不及而產生的；也有些是因政治狂妄症流行而引起的。例如勞資糾紛本是工業發展過程中難以避免的現象，但我們對工業化國家的經驗懶於學習，卻對馬克斯偏激的觀點趨之若鶩。不符合發展階段的勞基法已實行四年而不加以修改，致勞工應得的權益固仍如海底撈月，而給予業主過重的負擔，亦不合理。環保問題也是因工業長期發展所累積的問題。過去，爲了增加就業，我們發展了一些易生污染的產業。對於污染之爲害，先是無知以對，後則無力負擔消除它的成本。科技水準的提升有助於勞資糾紛的解決，因爲它可提高生產力，抵銷因工資上升所增加的生產成本；也有助於環境污染問題的解決，因爲它可創造新的方法，消除污染的存在並預防它的發生。

資金外流不利就業機會

由於國際競爭日趨激烈，國內社會紛擾又不絕如縷，不少業者作了下列的反應：

㈠將資金移向國外：例如到美國大都市置產，這對國內經濟發展無任何貢獻。

㈡到海外設廠：最近兩年到海外設廠者日多，有的到東南亞設廠，有的到中國大陸設廠。如係爲掌握生產原料爲國內所用，對國內經濟發展有幫助；如係爲報銷的機器設備找出路，或爲逃避勞資糾紛找避風港，則對國內經濟發展助益不大。

㈢關閉且賣掉工廠作寓公：這對維持就業水準十分不利。無論如何，過去一年資金大量外流已是不爭事實。外匯累積從民國七十六年底的七六〇億美元減縮爲七十七年底的七四〇億美元，而七十七年的貿易順差達一三〇億美元。如此算來，一年之內流出的資金約在一五〇億美元。這些流出的資金中，大部分爲投機性的「熱錢」外流，其餘的，則屬爲上述目的而流出的資金。資金外流雖可緩和新臺幣繼續升值的壓力，但也不利於就業機會之創造。

國內投資環境逐漸惡化

更值得注意的，乃投資環境有惡化的跡象。在最近一次的官方對製造業經營展望及投資意願調查中發現：就資本額規模而言，中小企業設備投資增加率均為負數，計資本額未滿五千萬元之廠家，七十八年投資下降百分之二一．四四，資本額介於五千萬元至二億元之廠商，投資下降百分之一一．九一。就產業別而言，紡織業投資減少百分之五．五五，成衣及服飾業減少百分之三〇．五九，皮革及皮革製品業減少百分之四九．六八，木竹籐柳製造業減少百分之四五．七二，紙及紙製品業減少百分之六．〇八，基本金屬業減少百分之二九．四四，機械設備業減少百分之九．三六。這些現象代表兩種涵義：對世界經濟前景悲觀，和對國內投資環境惡化的反應。但今天世界經濟前景尚未見大恐慌的預兆，因此，國內投資環境惡化成為最重要的原因。不然，何以大量的中小企業奔向東南亞各國從事直接投資。在民國七十七年，臺灣在泰國的投資佔外人投資之第二位，在馬來西亞佔首位，在菲律賓也佔首位。而且，到中國大陸投資的小廠家，更是絡繹不絕。如果他們認為能够在臺灣牟利，他們就不會到陌生的地方去冒險。現在他們寧到陌生的異域去冒風險，表示國內的投資環境已較它們爲差。

設立外滙基金發展科技

發展經濟也如逆水行舟，不進則退。要想解決前面所提的兩大挑戰，既不宜在政策枝節上作修補，亦不宜以傳統的老法來診治，而是需要我們以新的構想和新的做法，儘快地調整產業結構。具體的做法，除在政治上維持一個安定的局面，在社會上維持法治與秩序外；在經濟上，最具實效的方法，厥爲科技的引進與其水準的提高。就現階段而言，有兩條相輔相成的途徑值得考慮採行。一條是邢慕寰教授所提出的，即由政府從速設立「中央發展外滙基金」，由中央銀行從速撥出五百億美元作爲發展基金，每年由這項基金撥出一百億美元，專供商業銀行及其他可靠的授信機構貸與國內企業，作爲進口生產設備之用。此項措施之作用，一則可有效運用外滙，化解外人的敵視；一則可藉生產設備的引進，帶來新的技術與高的效率。

另一條是筆者多年來所提議的，即以六年爲期，撥一筆外滙基金，積極引進並推廣科技，其作法分兩種方式進行：一爲引進基礎科技並加以推廣：有計畫地聘請日本及西歐剛退休的技師，到各工廠診斷其作業程序，並傳授其操作技術，同時也到教育單位，協助改善工業學校教材及實習設備，從基礎上，教導勞工及學生學習新的技術。一為引進高等科技並加以推廣：邀請海外有工作經驗、行將退休或剛退休的華人專家，來臺灣作定期的服務。為此，我們需擴大國內研究機構之規模，容納這些專家：改善國內的高科技研究環境，提高其研究水準。同時國內的研究機構予以密切配合，使國內外的專家打成一片。除此，也可購買外國的高科技工廠，或資助外國的研究機構，使其高科技能順利移植到國內。以上兩種主要的方式可在較短的時間內，將外國技術順利引進，並使其生根。

引進國外技術突破困境

今天是一個科技的時代。誰能把握住科技發展方向，誰就能化解經濟自由化所產生的衝擊，突破國際保護主義所建立的屏障，立足這個充滿競爭的世界，維持一國的繁榮局面。因此，我們懇切地希望決策當局，為增強企業界的信心，為給社會大家帶來希望，必須儘速突破目前的困境。突破目前困境最有效的一條途徑，便是儘速地、有計畫地引進外國技術並加以推廣，使產業結構獲得成功的調整。

（民國七十八年四月十一日發表於工商時報）

無進步的科技，不會成爲經濟大國

到公元二千年時，我們的國家能否成爲經濟大國？這要看我們的產業是否擁有進步的科技。如果沒有進步的科技，很多產業必會成爲夕陽產業，在國際市場上失去競爭力，然後這些產業會漸漸衰弱，終而導致整個經濟的停滯或低落。

國際競爭兩個重要條件

由於資訊的發達，交通的頻繁，有無的互通，今後世界上沒有一個國家可以閉關自守，自給自足。每個國家必須參與國際經濟社會，憑自己擁有的比較優勢，圖生存，求發展。尤其像臺灣這樣的經濟，自然資源貧乏，必須仰賴對外貿易的拓展，始能保持成長。在國際經濟社會，維持強大的競爭力，才是經濟持續成長的必要條件。在論及國際競爭時，有兩個重要的條件需考慮：一爲科技水準，一爲工資水準。這兩個條件的配合有下列四種情況：

㈠科技水準高而工資水準亦高：這是工業化國家的情況。他們既有高的科技水準，也有高的工資水準。在此情況，科技水準是赢得競爭勝利的關鍵因素，亦卽誰能保持科技的不斷進步，誰就能在國際競爭中獲勝。如某一產業在科技上停滯不前，這個產業就會變成夕陽產業，卽使它的政府運用各種辦法加以保護，祇能延長其殘喘的時間而已。

㈡科技水準低而工資水準亦低：這種情況發生在開發中國家。在這些國家的產業，其工資水準是低的，而科技水準也不高。這種產業所生產的產品在國際市場上也有銷路。像美國的低所得階層偏愛開發中國家所生產的產品，儘管品質不高，但價格低廉，他們有能力去購置，來滿足基本需求。

㈢科技水準高而工資水準低：任何產業具備這一條件，在國際競爭上，其產品會所向無敵。

㈣科技水準低而工資水準高：假如任何一種產業具備此一條件，其產品必無任何銷路。

工資影響產業的競爭力

由於科技水準不同，工業化國家與開發中國家所發展的產業也就不盡相同。凡屬勞力密集的產業，適於在開發中國家發展。但由於工資水準會隨著經濟成長而不斷的上升，如果科技水準未能相應的上升，這種產業就失去競爭力，無發展的餘地。就新興工業化國家而言，其科技水準較已開發國家爲低；其工資水準則較開發中國家爲高。如果其產業的科技水準能不斷的提高，就會有很大的空間同已開發國家競爭；如果其產業的科技水準趦趄不前，就會成爲開發中國家的競爭對手，由於其工資水準遠超過開發中國家，勝負之數不難推知。近年來，何以很多已開發國家採取保護主義的措施？表面的理由是爲了減少貿易赤字，實際上是爲了保護其夕陽產業。它們之所以有夕陽產業，主要是因爲這種產業已失去同新興工業化國家競爭的力量。

由以上的分析，我們可以說，祇要科技水準能不斷的提升，不會有夕陽產業之產生。即使這種產業的工資水準繼續上升，由於科技水準的上升幅度較工資水準上升的幅度爲大，這種產業仍會繼續發展。原因是：科技可提高生產效率，降低生產成本，從而可抵銷工資上升對生產成本所產生的效果。同時科技水準的不斷提高，也可突破保護主義的屏障，因爲保護主義措施所限制的進口品往往是傳統的，大量供應的產品。除此，科技水準的不斷提升，可使傳統產業脫胎換骨，又成爲活力旺盛的產業。

引進科技五種可行途徑

在過去三十多年，臺灣經濟之得以持續成長，主要靠勞力密集產業的快速發展。如果這種產業的工資水準上升速度很快，其比較優勢會很快地失去。目前卽面臨這種困境，工資水準在勞工運動之下，不斷的上升，而其生產力並不相應地增加。同時，環保問題的解決，至少在初期，它是代表生產成本的增加。爲了緩和生產成本的增加，祇有提高科技水準一途。

提高科技水準，對一般開發中國家而言，最有效的途徑厥爲引進科技並使其紮根。引進科技的途徑很多，通常採用的有：

㈠購買新機器設備：新的技術往往附著於新機器，在過去很長一段時間，我們是採用此方法引進新技術，但使技術生根很難。

㈡技術合作方式：過去我們曾同日本人技術合作，也和美國人技術合作，除在管理上學得點技巧外，在生產上很難得到所需要的訣竅。

㈢購買專利權：日本曾利用此方式，引進大量的英美科技，但我們在這方面做的不多，原因是：必須具備相當高的科技水準，始能將專利權變成可用的產品或生產工具。

㈣購買外國工廠及科技研究機構：近十年來，日本用此方式，引進很多西方科技。因爲當一個人已成爲一個工廠的主人或一個研究機構的所有者時，改進科技是很自然的事。

㈤有計畫地運用海外華人的智慧與經驗：過去四十年，我們曾派到國外的留學生至少十萬人，其中具科技經驗十年以上的人數至少在二萬以上。政府應運用這批人才，以合理的待遇，三、五年的合約方式，延聘到臺灣來。讓一批人從事我們所需要的高科技研究與推廣，而國內的工業研究機構、大學理工研究所之教授與學生應與其配合，以十年之功，定會奠定科技的發展基礎。同時讓另一批人針對傳統產業發展的需要，從事新科技的移植與推廣。使傳統產業保持技術的不斷更新，擺脫淪爲夕陽產業的命運。在過去，由於外匯短缺，很多構想都無法實現，現在我們擁有巨額的外匯準備，有效地運用這些資產是國人共同的主張；而利用部分外匯，引進科技，堅持工業的持續成長，則是外匯所能產生的最大效益。

發展科技確保經濟成長

當一個國家的平均每人國民所得尚不及美金八千元時，發展勞力密集產業，尚有點比較利益；當超過此一水準時，必須靠科技的發展，始能保持經濟的成長。韓國有鑒於此，已宣佈將在五年內投資美金三八八億元，發展高科技工業，包括微電子、電子機械、新材料、精密化學、生物科技、礦產及航空工業，以期到公元二千年時，使韓國晉升爲世界十大高科技國之林。姑不論發展這些工業是否適宜，其氣魄之宏偉，不能不令人爲之感慨。在國際市場上，韓國一向是我們的競爭對手，面對這麼一個有遠見、有魄力、有作爲的對手，我們該如何去因應、去挑戰？

（民國七十八年十一月十九日發表於經濟日報）

第三部　經濟自由化落實的意義

經濟自由化與經濟持續成長

民國七十三年秋，政府宣佈積極推動經濟自由化、國際化的主張。自此之後，這個主張遂成為政府調整政策與修改規章的指導，以及新聞界、學術界、工商界討論的焦點。經濟自由化是經濟國際化的必要條件，而經濟自由化，乃是指解除對各種經濟活動所設的種種管制或限制。當一個國家處於落後、貧窮、騷動不已時，它的政府往往對各種經濟活動，設立許多限制或管制，以建立經濟秩序。但當這個國家發展到較高層次時，社會環境丕變，生活水準提高，過去所設的各種管制或限制又會變成持續成長的絆腳石。唯經濟自由化，各個經濟主體方能充分發揮其潛力，肆應世界潮流的衝擊，創造更多財富，使經濟保持不斷的成長。

一、經濟管（限）制的歷史背景

就臺灣的情況而言，在戰後經濟發展的早期階段，政府對各種經濟活動設立各種管制或限制，無疑是很自然的事。在當時，生產因素中，除勞力外，都處於匱乏不足的狀態。而經濟秩序，因受戰亂、投機及壟斷的影響，也紛亂無章。由於生產資源缺乏，妥善利用這些不足的資源，乃成爲經濟問題中的重要課題。如何妥善運用？最常用的方式就是儘量節用，而且在節用時，要注意分配。各種經濟管（限）制乃於焉產生。

經濟活動的範圍很廣，在資源匱乏時期，管（限）制也就應用於各種經濟活動。最重要的是物價管制、對外貿易管制、生產管制、金融管制等。就物價管制而言，它與戰爭的關係固極爲密切，與通貨膨脹的關係也十分密切。在戰爭期間，物資缺乏，乃產生物價管制；通貨膨脹時，爲防止商人哄擡物價，乃實施物價管制。在對外貿易方面，就進口而言，由於外匯短缺，或由於扶植幼稚工業，對於商品的進口，乃加以限制；爲了國防安全，社會安寧，對於少數商品的進口，如槍械彈藥，乃加以管制。對於一般商品，雖爲國人所需要，但也因外匯供給不足，對其進口作某種數量上的限制，或者雖允其進口，但課以較高的關稅，使其進口價格提高，藉以降低其在國內市場的競爭力。就出口而言，主要以輔導與獎勵的方式代替限制與管制的方式，例如外銷退稅，低利貸款，加速折舊，五年免稅等等，其目的是擴大出口。有時在特種情況下，如國內需求超過供給時，爲避免物價大漲，對這種產品之出口加以限制，或對假冒產品之出口加以管制。在生產管制方面，有些重要的產品只有公營事業才有權經營，而私營事業則不得經營，如臺灣電力公司所發的電，中國石油公司所生產的各種油品，電信局所經營的電訊，臺灣菸酒公賣局所製造的菸和酒等。在金融管制方面，外匯迄今仍然是被管制的，不過近一年來，外匯的買賣漸漸不受拘束了。數年前，利率是由政府決定的，現在的利率，除基本利率外，它的上、下限是由市場力量所決定的。

二、經濟自由化的催生力量

當經濟漸由落後進展爲發達，社會由貧窮進展爲富裕，人民由無知進展爲有知，很多在經濟發展早期所訂的各種法令規章便不適用了，有些竟成爲成長中的障礙。尤其國際局勢的迅速變化更迫使我們非改弦更張不可。譬如，我們的對外貿易不斷地出超，而外匯存底又不斷地累積，乃引發了貿易對手國——像美國，一方面要我們對美國進行「公平貿易」，另方面要新臺幣不斷的對美元升值。在這種情況下，對進口方面所作的各種限制非解除不可，如過高的關稅稅率必須加以降低，對非關稅障礙也需要加以清除。過去認爲保護幼稚工業是正當的行爲，現在面對國際競爭，已無時機去用保護手段，使幼稚工業成長。同時爲了降低外匯存底的持續累積，過去對資金外流的限制也要放寬，對海外投資的主張也要認眞採行，對人民的持有外幣也在減少干預。在金融方面，由於民間儲蓄率高，郵局與銀行的存款增加率遠遠超過銀行的放款增加率，致利率不得不大幅度下降，而貸款的條件也大大放寬。過去認爲是專賣的東西，今天也讓舶來品分一席之地。同時爲了提高經營效率，部分公營事業被認爲有轉移爲民營的必要。這些都是在政府致力於經濟自由化過程中所看到的變化。

三、經濟自由化產生的衝擊

推動經濟自由化仍需付出相當高的代價，那就是經濟自由化的衝擊所導致的傷害和損失。就臺灣的情況而言，受經濟自由化衝擊最大的，有下列三方面：⑴既得利益階層：如某些公營事業不再具有壟斷的特質，那些享有特權的民意代表不再有特權可享。例如三家商業銀行若變爲民營，民意代表一手推介人，一手獲得低利貸款的機會就沒有了。如果對某種產品之進口完全開放，則壟斷是種產品進口的貿易商不再有利可圖。⑵受保護的上、中游產業首當其衝，譬如進口大量開放後，受保護的上、中游產業如果其產品價格高於進口品，便失去競爭力。事實上，這些上、中游產業的產品在進口開放初期會有部分無招架之力。⑶部分公營事業面臨困境。有很多公營事業之經營是不善的，如非獨佔，其產品多不能同民間競爭；如無高關稅限制，其產品也不能同舶來品競爭。考其原因，不僅僅是由於公營事業要肩負很多的政府任務，而且也是由於法令規章的限制太嚴且不合理。無論如何，經濟自由化會帶來些不利的衝擊。

四、經濟自由化的配合條件

由於經濟自由化會帶來些衝擊，在推動經濟自由化時，必須有些條件來配合。配合得當，可減輕它的衝擊；配合不當，則會加重這種衝擊。經濟自由化所需要的配合條件包括⑴一個安定的社會：如果這個社會干戈擾攘，搶奪叢生，不可能會產生經濟自由化。⑵一個法治的社會：在這種社會，人人以守法爲榮，以遵循制度爲歸。⑶一個富裕的社會：在一個所得較高的社會，民間有本錢推行經濟自由化；如在一個貧窮的社會，分配最重要，但任何形式的平均分配都會與自由的精神相悖。⑷一個開放的社會：開放的社會與經濟自由化相輔相成，事實上，是經濟自由化的基礎。

總之，臺灣經濟已發展到較高的階段，爲了使經濟保持不斷的成長，爲了減少國際貿易保護主義的藉口，也爲了提高國際競爭力，經濟自由化是今後一個必要的發展策略，即使在初期階段有不利的衝擊，也應妥善適應，使其不利程度減至最小。

（民國七十六年十月）

經濟自由化之檢討與落實

對於任何國家而言，在其發展的早期階段，爲了達成某種目的，對於經濟運作，實施了些禁止性或限制性的管制措施。此後，基於環境的演變，經濟發展的需要，則將這些管制措施加以解除，盡可能使其運作遵循市場機能來進行。這就是一般所謂的「經濟自由化」。

在臺灣，政府倡導經濟自由化、經濟國際化是自民國七十三年開始。事實上，在這以前，經濟自由化的措施已在很多方面進行了。基於經濟發展的需要，推行經濟自由化是我們努力的方向，但無可諱言地，經濟自由化也爲我們帶來很多衝擊。爲使不良的衝擊減至最小程度，參考外國的經驗是必要的；爲使經濟自由化落實，須針對各業之特質，循序漸進，更需對經濟自由化的過程，常做檢討以求改進。

一、我國經濟自由化之檢討

㈠經濟自由化的衝擊

⑴貿易自由化的衝擊：過去非關稅障礙對進口限制，曾對資源分配造成扭曲現象，如對地區採購限制。一些限制撤除之後，可使採購作業更具效率。高關稅稅率對進口之限制，曾使無效率的產業得到保護。關稅稅率大幅降低之後，凡經不起進口品競爭的產業只有敗北；凡能經得起競爭的產業，才有發展餘地。民國七十七年二月進口稅率降幅頗大，平均為百分之三二，個別產業的生產與就業受到不同的影響，受影響較大的，多數為進口品市場佔有率較大者，也是我國生產較不具比較利益的產業。因此而產生的產業調整問題，則值得重視。諸如部分農產品進口放寬，已引起很多農民請願案件。如果對各業產品全面開放進口，勢必激起國內業者的恐慌，而尋求自力救濟。針對此一現象，如何輔導業者調整產業結構，提高生產力，是政府應協助解決的問題。

⑵工業自由化的衝擊：近年來，工業自由化的腳步較緩慢。諸如設廠限制、工業自製率規定，僑外投資限制，對不同產業給予不同程度的租稅減免，對策略性工業的獎勵，維護公營事業的壟斷等，均違背工業自由化的精神。一旦這些保護、管制、補貼措施被撤除之後，各產業會受到不同程度的衝擊，凡無力調整者，或受嚴重打擊而一蹶不振，或被淘汰出局。

⑶農業自由化的衝擊：臺灣農業的癥結問題在於一般農家耕地規模太小，難以有效率的

經營，而農產品運銷受到壟斷，致農民所得收入偏低，政府爲提高農民所得，安定農村經濟，乃採行糧食自給，稻米保證價格，限制農產品進口等措施。農業自由化卽在於恢復農地自由買賣，取消保證價值，開放農產品進口。最近半年來開放農產品進口已使菓農、鷄農走上街頭要求保護。由此可見，農業自由化衝擊之大。

(4)服務業自由化的衝擊：茲就銀行業、保險業、運輸業以及觀光旅遊業自由化而論。我國銀行主要爲公營，公營銀行或受制於審計制度，或受制於民意機構，致效率不彰，無法配合社會經濟發展之需要。銀行業自由化，主要是指銀行應准許民間設立，而公營銀行應有自主權。近年來，雖在利率決定上有了進步，但在整個制度上鮮有進步的成果。保險業自由化可使費率趨向合理化，人壽保險內容將產生結構性變化促使保險業組織多元化，也有刺激保險技術革新與經營理念改變之效果。運輸業自由化可使高價格、低品質的業者受到被淘汰的命運，同時可使該業服務品質提高，自不待言。觀光旅遊業自由化之後，在初期會有紊亂的局面出現，稍後，凡服務品質不佳者必會受到淘汰。

(二)經濟自由化的障礙

經濟自由化雖爲我國經濟發展之趨向，然在自由化的過程中，我們無可避免地會遭遇些障礙。這些障礙或來自政府官員的保守心態，或由於法令規章的僵硬化，或由於主管官員對改變職位的拒絕態度或由於民意代表對民主的濫用。或由於工商業者對既得利益的不願放棄，這些都構成對經濟自由化的障礙。

⑴政府官員的保守心態：不少官員認爲經濟自由化之後，應管的業務會減少。服務機構會有被裁撤的可能，更重要的，認爲政府的威信與權力均受到挑戰。因此，對經濟自由化產生抗拒心理，以及能拖即拖的態度。

⑵政府法規的限制：有很多法規對經濟運作有很大的限制，由於時過境遷，仍不予修改致形成行政進步的阻力。例如：土地改革的部分規定，限制土地的集中使用，致失去規模經營的效率；總動員法的長期執行，公營事業的壟斷權利等都有礙經濟的自由化。

⑶民意代表對「民主」的濫用：無論在立法院或地方議會，均有民意代表濫用民主程序的情事發生。他們常爲不重要的小事而喋喋不休，對眾多的立法案件則予擱置不加討論。有時經由民間遊說團的作祟，不少民意代表爲維持特權階層的既得利益而「護航」，該民營化的公營商銀仍得不到他們的贊同與支持，就是個明顯的例子。

⑷工商業者不願放棄既得利益：因此，對使自己失去既得優惠的經濟自由化措施，都會極力反對，並透過遊說團，軟化民意代表的公益立場，而爲他們的要求說項。同時運用各種誘力，使政府官員維持以往的優惠待遇。

㈢經濟自由化之績效

經濟自由化是對經濟管制的解除。在經濟管制之下，價格機能受到扭曲，而有限資源未被有效利用，此不但造成了各種既得利益階層，而且也降低了消費者的福利水準。

經濟自由化之後，顯然地，市場的價格機能之被扭曲現象會慢慢改正過來，各種資源的利用會達到最有效率的境界，各種既得利益階層會不再存在。唯產品具競爭力而服務品質佳的業者才能得到正常的發展。專賴不當法規，專恃特權而發展的業者勢必遭受淘汰。受益最大的爲消費者，他們可在最低的價格，得到品質高，而服務佳的商品及勞務。因此會產生消費者剩餘，提高其福利水準。

然而，在達成經濟自由化的過程中，凡經不起經濟自由化衝擊的個人及生產廠商會受到損傷，而且整個社會也要付出產業調整所需的代價——如失業、倒閉、破產、賴債等。如果政府能及時採行某些輔導措施，而社會大衆也能密切加以配合，則我們社會所付的代價就可以減少。

二、先進國家自由化的經驗

「他山之石可以攻錯」。在推行經濟自由化之前，參考西方國家的經驗是必要的，因爲這樣可減少我們犯錯的機率。

先以美國而論，美國也曾有經濟管制的歷史，直到尼克森總統時代，消除管制之口號才告出現。美國管制解除運動，主要是爲了因應工業的結構性競爭。例如：交通工業，解除管制之後，競爭增強，服務種類大增，偏高的工資結構趨向平實。但傳統性的公用事業，如電力供應，管制並未解除。美國的貿易政策，明爲自由，實不盡然。

近年來，加拿大已隨著世界潮流而加速經濟自由化。在匯率政策方面，早在一九七〇年便採行浮動匯率。在產業政策方面，經濟自由化包括放寬企業管制及改善投資環境，訂定「競爭法」，以增強加拿大在國際市場之競爭力，訂定「投資加拿大法」，放寬對外投資的限制；以市場自由化爲準的能源政策取代「國家能源計劃案」，放寬航空業的管制、能源價格以及能源貿易方面之管制，開放十多家公營企業爲民營。在貿易政策方面，與美國簽訂美加自由貿易協定，此協定可反擊保護主義，並將成爲推動多邊貿易自由化的推動力。而近年來，加拿大經濟之進步，受益於這些新措施之處甚多。

拉丁美洲國家之經驗也值得參考。一九七〇年代後期，拉丁美洲的幾個國家將銀行全面開放民營，不久卽發生金融風暴。最後不得不於一九八二年及一九八三年將銀行重新收回國營。這是因爲這些國家忽略了經濟自由化的順序問題。譬如物價穩定及預算平衡是一國實行經濟自由化的前提，貿易的自由化須優先於資本帳的開放，而匯率的自由化及金融的自由化也應優先於資本帳的自由化。

三、如何落實經濟自由化

經濟自由化毋寧是一種發展的過程，非一蹴可及。必須循序漸進。爲使經濟自由化落實，事先要作精密的策劃，充分的準備，屆時要重視先後順序，更要及時檢討與修正。

(一)初級產業

主要爲農業，而農業之自由化與其他產業自由化，在範圍及進度上均有所不同。因農業受先天上不利條件之限制，故要使農業自由化，必須要考慮到農業人口的轉業問題，農產品供應對民生之重要程度問題。雖然其影響多屬於社會面及政治面，但不能忽視其影響的廣度及深度。世界各國無不對農業加以某種程度之保護，包括美國、日本及西歐國家在內。在臺灣，對農業自由化要謹慎從事，例如對農地的利用，首先要作適當的規劃，不宜使所有農地都不能變更使用，也不宜使工業化的設立以最佳的農業區爲犧牲。對農產品價格之決定不宜長期違反市場力量。若某種農產品之生產完全失去比較利益，而這種農產品在民生必需品中之價值並不太重要時，也不宜保護到底。

㈡次級產業

主要爲製造業。在此方面，公營事業佔相當大的比重。爲增強效率，提高服務品質，很多公營事業應予民營化。對於聯合壟斷現象應予徹底消除。要訂定競爭的規範，使各製造業在規範約束下發展，而這種規範包括不得製造超出最低標準的各種污染。對進口稅率宜再降低，俾達到西方工業化國家的水準。

㈢三級產業

主要爲服務業。近年來，服務業的發展幾成氾濫現象。迄今，政府尚未訂定出適當的規範予以約束。地下投資公司之畸形發展如雨後春筍，房地產仲介公司壟斷房地產價格，使其大幅升高，保險業的承保條件有利於保險公司，而不利於投保人。公營銀行的民營化仍處於溝通階段，而民營銀行的設立仍未獲許可。爲使三級產業自由化，政府應儘速訂定出適當的規範，使其能正常發展，同時培植競爭環境，使三級產業經得起外來的競爭，從而保住國內市場，再進軍國際市場。

四、結語

臺灣的經濟自由化來自兩種推力：一爲國內民主意識的高張。大家爭取社會利益的結果，使社會利益分配趨向合理化。通過經濟自由化，可達成社會利益分配合理化的目標；一爲因應國際環境變化的需要，及貿易對手國連番對我國施加壓力，則是經濟自由化的另一大推力。

經濟自由化已成爲我國經濟發展的趨向。而經濟自由化對各業有相當大的衝擊。凡久經保護而經營不健全的產業首遭被淘汰的命運，而各產業必須調整其結構，提高其生產力，才能肆應環境的變遷。

經濟自由化是一種發展的過程，並非一蹴可成。爲減少爲經濟自由化所付出的代價，事先要作精密的規劃，充分的準備，屆時要積極的推行，並要重視先後次序，更要及時檢討與修正。對於農業自由化，要謹愼從事，不宜完全開放。對工業自由化，要澈底消除產業間的壟斷現象，繼續降低關稅稅率及非關稅障礙；儘量使許多公營事業民營化。對服務業自由化，首先要准許民營銀行的設立，公營商業銀行的民營化。同時須訂定適當的法規對不法金融活動加以約束，或輔導其合法化。在同意外國服務業來臺設立之前，先建立良好的競爭環境，培植國內服務業的競爭力。

（民國七十七年六月）

評析中美不平衡貿易

一、前　言

近年來，美國對外貿易經常發生逆差，而且逆差數額不斷在擴大。就以民國七十三年而言，美國的貿易逆差高達一千三百億美元；其中對日貿易逆差三七〇億美元，對加拿大貿易逆差二四〇億美元，而對臺灣貿易逆差爲一一〇億美元。美國政府已將如此鉅額的貿易逆差當作一個嚴重的經濟問題來處理，因爲美國業者將其視爲產品滯銷、工廠倒閉的替罪羔羊；而美國工會則認爲，它是工人失業、社會問題發生的重要根源；這也就是美國政府將所標榜的自由貿易摻入了保護色彩的重要原因。對臺灣而言，美國是最大的出口市場，以七十三年而言，臺灣貨物總出口的百分之四八係由美國市場所胃納，如果美國市場有任何變動，臺灣的出口便會受到相當大的影響。基於這一認識，我們對美國商業政策之改變，固不能掉以輕心，也不能漠視美國官員對不平衡貿易的看法。

二、對貿易不平衡的不同看法

一國政府用補貼政策（或以內銷補貼外銷）使其出口價格下跌，從而增加其輸出，此種政策素被稱為「乞諸其鄰」（begger-the-neighbor）政策。可是，最近卻產生了另種說法，認為這種政策不是「乞諸其鄰」，而是「助鄰成富」（enrich-the-neighbor）。因此，我們要問輸出國的廉價出口對輸入國而言，到底是「利」還是「不利」呢？

持傳統論調的美國業者認為，它是一種傾銷行為。外國貨傾銷的結果，美國市場為外國貨所充斥，致美國製造的商品銷路受打擊，因而造成工人失業；而嚴重的失業就會產生社會問題。然而，另種論點就完全不同了。持新論點者認為：廉價的外國商品輸入美國市場之後，為美國消費者大眾創造了所謂的「消費者剩餘」，也就是說，消費者原本需花十元購買的一件東西，現在可以六元得到，剩下的四元就是消費者剩餘；這四元可作購買其他商品之用，或作儲蓄之用。無論如何，這會使美國消費者購買力增加，當然也會增加對其本國商品的購置。顯然，廉價商品的進口會使輸入國的物價降低，減緩通貨膨脹的壓力。從另個角度言，國內產品的價格較進口為高，表示這一產品之生產效率不如外國，生產效率低表示資源的浪費，生產的不經濟。讓這種不經濟的生產長期維持下去，對消費者而言，是不公平、不合理的。況且，任何國家可利用的資源都有限，短期的浪費尚不致造成嚴重的經濟問題，但長期的浪費會削弱這個國家的經濟力量。

三、對美出超的眞正涵義

臺灣的兩大貿易對象，一爲美國，一爲日本。臺灣對日貿易處於逆差狀況，對美國貿易處於順差狀況。以順差彌補逆差，是國際收支中的自然現象。値得重視的是，美國和日本在臺灣均有直接投資。日本人在臺投資設廠，生產之後，將商品運銷到世界各地，但不是日本；美國人在臺投資設廠，生產之後，則將產品運回美國銷售，而非世界其他地方。表面上，這些商品的出產地是臺灣；實際上，賺利潤的則是美國老闆。這一現象說明，臺灣對美國貿易順差的確是個複雜的問題。至於臺灣每年向美國購置的一般軍需品，金額都相當龐大，這筆帳多不表現在經常帳上。同時，臺灣對美出超所累積的資金幾乎全放在美國銀行，這筆資金對抑制美國利率之上漲及對美國人之投資，也都有幫助。如果討論臺灣對美國貿易順差的經濟效果，則以上所述，都不應忽略。

四、平衡中美貿易在於美國的態度

國際間自由貿易本是互惠關係，而國與國間的逆差或順差也都是短期現象；在長期，都會發生相反的變化。產生逆差的國家要改善其逆差，最有效的途徑不是限制進口，而是設法生產對方所需要的產品。站在自由貿易的立場，國際間的交易都是基於比較利益原則。臺灣所需要的產品，主要是農工原料，其次是機器設備，最後是消費品。每年臺灣購買美國的農產品已達五、六百萬噸。除此，臺灣需要石油、液化天然氣、最新武器和技術上的技巧，而這些產品也都是美國所能提供的。但是，美國基於「仿冒」理由，拒絕輸出技術上的技巧；基於政治考慮，禁止出售較精密的武器；基於保護資源的理由，不准石油及液化天然氣輸出。事實上，平衡中美貿易並不難，只要美國肯增加其中任兩項之輸出，中美間的不平衡貿易即可獲得改善。遺憾的是，美國政府並不正視這個關鍵因素，反而硬要中國人去購買吃不完的農產品，以及價錢高昂而售後服務欠佳的機器設備，這做法甚不合理。況且，在農產品的購置數量上，政府還有權決定，但是對生產工具及原料的購買，則非政府力量所能爲，因爲臺灣也是自由經濟體制。在商言商，有利潤可賺的生意，業者自會去從事；無利潤可賺的生意，政府無力而也不應迫使業者去冒險。

五、分散出口市場有待努力

改善中美貿易不平衡現象，並非貿易一方的責任。就我們自己而言，除對外積極分散出口市場外，對內則應對進口措施有所改進。諸如某些進口產品之關稅是否過高？某些進口產品是否有較嚴重的非關稅限制？同時，美國業者也應重視其行銷技術和價格高低；否則，臺灣降低關稅的結果，勢必增加日本產品的進口。畢竟，我們不可能對美國、日本產品設置差別待遇的關稅。況且，在臺灣進口自由化的情況下，更需要公平競爭。

分散出口市場，並不是喊喊口號就能實現。雖然我們都知道，歐洲和東南亞都是大市場，然而有多少人能深入了解這兩個市場？歐洲市場不同於美國市場，因爲歐洲的社會文化，風俗習慣，地理環境等方面均與美國不同。有人能在美國市場推銷產品，但不一定也有能力在歐洲市場上馳騁。我們需要歐洲地區的推銷人才，可是我們究竟培植過多少這方面的人才？東南亞市場所需要進口的，不是消費品和原料，而是機器設備，而這正是日本所能提供的。試問臺灣究竟能提供東南亞市場什麼產品？又臺灣有能力同日本競爭嗎？這都是值得我們深思的問題。

六、保護政策所代表的意義

當一個產業趨向沒落時，它會要求政府採取保護政策。短期內，保護政策可使這個乏效率、不求進的產業苟延生命，但就長期而言，則無濟於事。同樣地，當一個國家的經濟趨向衰弱時，它就會採行貿易保護措施，以期擋住外來的競爭，這種措施也許在短期內會改善其逆差現象，長期間，這個國家的經濟勢必衰萎，終成爲一個弱國。俗語說得好：「三十年風水輪流轉。」一九四〇年代、五〇年代及六〇年代，西方工業化國家主張自由貿易之聲如雷灌耳，而許多開發中國家莫不採取貿易限制措施；曾幾何時，主張自由貿易的竟是當年採行保護措施的國家，而以限制貿易爲手段以求改善貿易逆差的竟是當年高唱自由貿易的國家。這種轉變的根本原因何在？值得我們正視，更值得我們作深入的探索。

（原載「中美貿易關係研究論集」李本京主編黎明文化事業公司民國七十四年十二月）

對美國「三〇一條款」應有的認識與因應之道

近年來，因受財政與外貿「雙赤字」之困擾，美國政府已施出「三〇一條款」的殺手鐧，作爲對不公平貿易行爲的報復，及增加出口，減少貿易赤字的手段。事實上，「三〇一條款」已成爲許多貿易對手國揮之不去的夢魘，凡對美國有貿易出超的國家，無不爲之提心弔膽。一九八八年，由「三〇一條款」衍生出來的「超級三〇一條款」及「特別三〇一條款」則是實施「三〇一條款」最具體而有效的工具。面對這種貿易情勢，以對外貿易爲導向的臺灣工業發展及對美國市場依賴程度又甚大的臺灣經濟，該如何肆應，乃是亟待解決的重要問題。

一、「三〇一條款」的用意及演變

「三〇一條款」：該條款是指一九七四年美國政府開始實施的貿易法第三〇一條。依據該條款，美國政府可對貿易對手國之不公平貿易措施，進行調查。倘雙邊諮商未達成圓滿結果，美國總統得就該事件施以報復。依該條款規定，受控之不公平貿易措施包括⑴所涉及之不公平措施須是外國政府或機構的法律、政策或措施，⑵此一不公平措施須是違反貿易協定，或對美國採取不公平、不合理和歧視性待遇，並同時對美國之商業造成負擔者。所謂「不公平」是指違反或與美國國際法律權益不一致的措施；所謂「歧視性」指是拒絕以國民待遇或最惠國待遇對待美國商品、服務和投資的措施。

「超級三〇一條款」：由於調查與諮商費很多時間與經費，而且效果十分有限，美國國會乃於一九八八年通過綜合貿易法；而綜合貿易法事實上是貿易法的修正與補充。「超級三〇一條款」是修正貿易法而新增之第三〇一條款。其所以被稱爲「超級三〇一條款」乃是因爲它所涵蓋的範圍較廣，不但包括貿易對手國之不公平措施，也及於各相關之貿易障礙，例如獎勵出口措施，出口實績要求，勞工保護法令，進口關稅與非關稅障礙，以及智慧財產權之保護等。該條款並規定美國貿易代表署必須每年向國會提報各國貿易障礙，並選定優先國家及優先障礙，與其進行諮商，於三年內迫使該貿易對手國改善其自由化措施，撤除受指控之障礙，或簽定貿易協定，承諾修改其國內法令及措施。若對諮商效果不感滿意，美國貿易代表署卽可依三〇一條款，採行制裁、報復措施。因此，各國承認其威力強大，稱其爲「超級三〇一條款」。

「特別三〇一條款」：此條款係綜合貿易法修正貿易法之第一八二條款。該條款規定，美國貿易代表署對於對美國及其他外國人之智慧財產權保護不週之貿易對手國，須於六個月內與該國諮商解決，否則，即以三〇一條款加以報復。其所以稱爲「特別三〇一條款」乃因該條款是基於美國整體政策，爲增進對智慧財產權之保護，由美國貿易代表署於短期內與貿易對手國諮商，改善其對智慧財產權之保護。因其地位特殊，故以名之。

自一九七四年以來，美國政府處理的案例有六十多個，由於美國貿易赤字之有增無減，美國政府乃逐漸廢除片面的優惠關稅待遇，改強調公平互惠原則。最近三、四年來，「三〇一條款」之引用已由已開發國家，如歐市、日本等擴及開發中國家，如中華民國、韓國、巴西等。同時美國政府處理該條款之態度相當積極，貿易法之修改爲綜合貿易法，而「超級三〇一條款」及「特別三〇一條款」之被採行，即是最好的例證。同時這個法案包括的範圍也愈來愈廣，舉凡農業、服務業、商品貿易、外人投資措施、智慧財產權等均包括在內。

二、「三〇一條款」之執行

爲有效執行「三〇一條款」，美國貿易代表署於一九八九年四月底公佈「一九八九年各國貿易障礙評估報告」，凡對美國有貿易出超的國家無不爲之緊張起來，中華民國自不例外。因爲一九八八年對美國出超情況，日本爲五百五十多億美元，臺灣爲一百四十一億美元，西德爲一百三十億美元；其他國家依次爲加拿大和韓國。一九八九年五月底，美國政府公佈的「超級三〇一條款」中，被列入名單的國家有日本、巴西和印度，而臺灣與韓國被列爲觀察員身份。臺灣之未被列入「超級三〇一條款」主要在於過去兩年，臺灣在致力自由化所作的努力已受到了美國政府的重視，更重要的，乃新臺幣對美金升值，迄一九八九年五月中旬爲止，已升值百分之五四，較日圓升值幅度都大。對美國出超數額，雖仍有一百四十多億美元，但較一九八七年之一百八十多億美元減少了不少。關稅稅率之大幅度降低，以及匯率之自由化，在在顯示政府當局確在致力對美出超之減少。不過，臺灣未被列入「超級三〇一條款」之名單，並不表示今後不再上榜，因爲中美貿易關係中，仍然存有些問題還未獲圓滿解決，此卽農產品進口關稅，汽車進口關稅仍高，美金匯入數額每人仍限制爲五萬元，智慧財產權的執行問題等。

三、「三〇一條款」並不能解決貿易赤字問題

值得注意的，美國的「雙赤字問題」，單從貿易赤字的角度來求解決是不够的。雖然在

某種程度上有助於減少貿易赤字，但是如果財政赤字未獲減少，貿易赤字仍會繼續增加。近年來，美國政府強制執行「三〇一條款」，是治標而非治本。即使是治標，在效果也十分有限。

蓋美國貿易赤字之產生，其造因雖多，其中以⑴支出過多，和⑵勞動生產力低爲最重要。就前者而言，無論美國政府和人民，消費支出太多，儲蓄太少。美國政府連年赤字，稅收無法挹注，只有靠公債，而人民無力購買公債，只有借外債，致美國成爲世界上最大之債務國。就後者而言，生產成本增加，勞動生產力卻未相應增加，致國際競爭力降低，在國內、外市場上，其產品固不能同日、德國家競爭，在很多產品方面，也不能同新興工業化國家競爭，致諸多產業變成夕陽產業。在此情況下，美國所強調的公平貿易原則，在理論上完全正確；在實務上，因不能提高國際競爭力，仍無助於貿易逆差之改善。

四、應有的認識與努力

儘管美國政府執意要推行其「三〇一條款」，而其效果並不能徹底改善其貿易逆差。但作爲美國貿易對手的臺灣不能不重視美國執行其貿易政策的決心與態度。爲此，我們對於經濟自由化和國際化的步調必須踏實而加快。對於我們能夠做的，就儘快去做；對於不能馬上完成的，也要好好策劃，有步驟地去力行。在外匯市場方面，讓匯率取決於供需的力量，不宜再刻意的去干預它，美金的匯出匯入數額應作相同的處理。在進口關稅方面，一般商品的稅率須在某一期間內降低至美國進口關稅的水準，惟對農產品進口，必須衡量其得失及可能產生的後果，對我們的農業政策作適當的調整。對於服務業的自由化和國際化，必須做好準備工作。對於獎勵投資條例，也要改弦更張，不宜對個別產業作特別獎勵，只要將投資環境改善妥當，政府就盡了它的責任。龐大的外匯存底，如不加以有效運用，它會造成資源上的浪費；出超數額如不能逐漸減少，仍會對臺灣金融產生些後遺症。今後應針對生活環境的徹底改善與國際競爭力的大幅提高，作適當的策劃與努力。

（民國七十八年）

論化解保護主義浪潮的途徑

「以牙還牙」不是對付國際保護主義的上策，「以柔克剛」才是我們的專長。我們必須以經濟自由化作爲躍登國際經濟舞臺的基礎，並以積極的競爭態度，培養國際市場的常勝車。

我們在今天的國際經濟中，正面臨一種令人憂慮的情勢。對於這種情勢，可從兩方面來觀察：一是國際競爭一天比一天激烈；另一個是保護主義正在擡頭。這兩種力量正互相激盪，匯成一個巨大的力量，向每個國家衝擊。事實上，這兩種力量彼此關係密切。當一個國家趨於劣勢時，便思保護；當許多國家都採保護主義時，國際市場便會縮減，大家爲了爭取這個漸小的市場，彼此競爭就更趨激烈了，這是我們目前所見到的國際情勢。

臺灣的經濟是以貿易爲導向，在這種情勢之下，我們一方面要參與競爭。另一面又要接受保護主義的衝擊。爲了今後經濟的持續成長，我們必須找尋化解這個衝擊的途徑。因此，我們首先說明所面臨的保護貿易主義，它包括已開發國家的保護措施，和開發中國家的保護措施。同時也要探討保護主義形成的原因，再進一步分析，當我們面對保護主義時，應該有些什麼對策來選擇。

保護主義，這是個世界性的貿易措施

首先讓我們探討已開發國家的保護措施。

就我們所知，最近十年來，已開發國家採行了許多保護措施。第一種是逐漸取消優惠關稅待遇，這主要的是指美國而言。近幾年來我國出口成長非常快，其中有百分之四九的出口是到美國，所以美國所採取的任何保護措施，對臺灣的出口都會產生不利的影響。中華民國享受到美國所謂的優惠關稅待遇（GSP）已有相當長的時間，由於這種待遇，我們有很多產品出口到美國不需納一般的關稅。也由於這種優待，我們出口到美國的產品，比其他已開發國家出口到美國的產品便宜得多。根據美國貿易談判代表署公佈的統計資料，一九八五年符合美國優惠關稅的總金額達美金八九億九千餘美元，其中中華民國所享受的免稅輸出金額高達三二億二千餘美元。所佔比例高達百分之三六，爲第一位。韓國僅佔百分之一七，僅及中華民國的一半。中華民國的受人注意，由此可想而知。美國在今（七十五）年四月一日宣佈調整優惠關稅待遇，其中有九項非常重要，而且這九項產品將自今年七月一日起自動喪失免稅資格。這也就是說，今後這些產品銷美，要跟已開發國家納相同的稅率，因此與其他享受優惠關稅的國家比較，我們的競爭力就會降低，而他們的競爭力也就相對的提高。

第二種是徵平衡稅。如果物品運到進口國的價格低於該產品在出口國當地的價格，進口國就酌徵若干稅，使國內產品不致於因進口價格太低而沒有銷路。這是近年來美國和加拿大所採行的措施。

第三種是徵反傾銷稅。有些產品到美國，由於價格過低，美國認爲這種產品在訂價上有問題，可能是輸出國的政府變相補貼，用這種方式使產品價格降低，是一種不公平行爲。輸入價格低，雖然對消費者有利，但對本國生產者不利，所以必須徵反傾銷稅。不過，徵收這種稅，需要一段長時間的調查，才能加以確定。我們過去有一些產品就曾經被美國徵收反傾銷稅。

另一種是限制輸入。日本對進口的限制很大，它採用的不是關稅措施，而是限制輸入。在美國方面，也有很多產品被限制輸入，主要是因爲這些輸入產品對美國的同類業者有了威脅，進而影響到本國產業的存在，美國就用某種形式的措施限制這種產品輸入。

除了限制輸入外，還有其他形式的非關稅措施，例如在衞生檢查或進口的時間和地點上作某些限制，如農產品輸出到日本時，就經常因衞生檢查不合格而被抛入大海。有些國家因爲關稅限制過多，會引起其他國家的報復，故意規定某產品需到某地卸貨，增加其運輸成本；或限定在某時間卸貨，使其失去時效，變成過時商品。這些有形或無形的非關稅措施，對出口國相當不利。

這些都是已開發國家常採行的保護措施。至於開發中國家，它們有什麼保護措施呢？第一，在輸入某些產品方面加以限制。東南亞國家、韓國，甚至我們自己，基於某些理由，對某些產品輸入仍有相當大的限制。第二，是高關稅制度。例如我們的最高關稅率仍在百分之六七・五。

已開發國家爲挽救夕陽工業、保障農民、貿易赤字而設限

在輸出方面，有些開發中國家也有其限制，例如非律賓及印尼，爲了發展其木材業，不再出售原木給他國；民國六十三年時，很多產油國家對其原油出口也作某種程度的限制，以致世界需求超過供給，導致油價暴漲。

已開發國家爲什麼採行保護主義呢？在民國六十年代以前，沒有一個已開發國家強調保

護貿易，它們都撐起自由貿易的旗幟。近年來，他們之所以對貿易改變態度，採行保護主義，有下列理由：

第一、爲了挽救夕陽工業。譬如美國某些產業提高生產力的速度緩慢，而工資水準的上升速度早已超過生產力。在這種情形下，它的成本就要增加。同時，過去二十多年來，不少開發中國家在國際貿易上已發展成爲已開發國家的勁敵，如：中華民國、韓國、新加坡及香港。當大家同時生產一種產品，用同樣的機器，由於我們的工資較低，而生產力相當的高，在相比之下，已開發國家就不是我們的競爭對手。因爲一國的市場是有限的，若是進口太多，相對的，本國產業的市場佔有率就減少了，因此這些產業便變成夕陽產業。他們的議員及工會感到企業倒閉將使工人失業，進而導致社會問題，所以提出保護本國產業的建議。這兩股力量到了國會，經採納之後，便成爲行政部門採取保護貿易措施的主要根據。

第二個原因是貿易赤字。尤其是美國，每年的貿易赤字都很大。去年的貿易赤字，對日本是四百多億美元，對臺灣是一百多億美元，整個貿易赤字達一千五百多億美元，這個數字相當可觀。這就是出口少而進口多所造成的結果。如何支付龐大的赤字，已經不像以前那樣簡單了。

第三個原因是保障農民收入。美國農業發展較世界其他國家進步，農業人口少，耕作規模大，有規模經濟之利，農民產品價格便宜，故有能力向他國輸出；而日本的農業情況恰好相反，耕作規模小，生產成本大，所以日本的米價等於國際米價的七倍，其價格之所以如此之高，就是因爲保護農民的結果。

再看看開發中國家，就以我們自己而言，爲什麼仍有濃厚的保護主義色彩？

第一個原因是爲保護幼稚工業的發展。在民國四十年代，甚至六十年代，爲什麼我們的關稅還是那麼高？主要是爲了保護幼稚工業。因爲如果不對本地起步中的產業加以保護，在國際競爭之下，這些產業就沒有機會成長。這是唯一的，也是最大的理由。但是在臺灣有些產業經過三十多年的保護，到今天仍是幼稚產業。追究原因，就是因爲政府保護太過，使保護這些產業的目的落空。事情儘管如此，但迄今仍有人強調保護幼稚工業的重要，問題是：什麼樣的幼稚工業才值得保護？又如何去認定它？在現階段的發展中，它們又是否確實有機會成長呢？

第二個原因是爲了保護民族工業。其實，在今天，我們很難認定何者才是民族工業。不過，這個理由竟成爲很多國家採行保護措施的藉口。特別是一些所謂落後、受傳統力量影響特別大的國家。他們總認爲民族工業建立後，國家的經濟發展才有希望。但以過去三十多年的發展經濟來看，這個論調卻經不起現實的考驗。

第三個理由是爲了保護策略性工業。很多學者普遍認爲，採取保護措施的主因，要看這個國家發展所處的階段及所面臨的時代。在二、三十多年前，已開發國家是無懼於國際競爭的，因爲那時它們的競爭力非常大。而且在那個時代，很多開發中國家多沒有成長，不是因爲政治上的紊亂，自己站不起來；就是因爲它沒有任何產業可與世界上已開發國家抗衡。在那個時代，有些開發中國家的確也採取了保護措施，也產生了相當大的效果，達成了保護的目的。今天，在國內，又有不少人強調我們爲使經濟持續成長，應注意策略性工業的發展，所以要保護策略性工業。站在經濟學的觀點，要爲策略性工業下定義是非常難的，而且也很難爲其劃出個範圍。最重要的，受保護的所謂策略工業，如果沒有好的發展，而未受保護的工業卻有相當的成長，站在政府的立場，該如何去辯解？

不管前面這些理由是否正確，工業被保護的事實確已存在，而且不少開發中或已開發國家，從過去到現在，多持這些理由，爲自己的保護主義作辯解。

我們沒有「以牙還牙」的本錢

今天，國際保護主義又崛起，面對這種保護主義，我們應採取什麼對策？是「以牙還牙」，還是「以柔克剛」？這是值得深思的。值得檢討的是，我們有沒有「以牙還牙」的本錢？因爲我們對外貿易的金額，在國民生產毛額中所占的百分數，現在已超過百分之一百，亦卽出口和進口的總和已超過國民生產毛額。在此情況下，如果進出口貿易有問題，我們的經濟便不能持續成長，試想：若採「以牙還牙」方式，我們在最大的市場——美國，就會遭到無法克服的困難。

顯然「以牙還牙」的對策，有其極爲不利的後果。爲此，應採「以柔克剛」的對策。目前值得檢討的，包括公平貿易、仿冒問題、外銷比例和補貼問題。先就公平貿易而言，儘管雷根政府宣稱不採取保護主義，但他提出的另一個主張，卽是要求世界各國公平貿易（fair trade），卻是我們不能忽視的。如果我們對行之日久的高關稅率不加以降低，對某些產品的進口仍加以限制，美國將會認爲那是不公平的貿易措施。倘若美國對我們的某些產品輸美稍加限制，則對臺灣經濟而言，便會形成一種很大的打擊。

另一個問題是仿冒問題。今天在國際上，我們曾有個「仿冒大國」的不雅稱呼。就國際聲譽而言，實在不是光榮的頭銜。仿冒其實有發展過程，二十多年前，日本的仿冒之風也非常盛行，由於那時美國國際競爭力量大，對日本的仿冒並不在乎，而國際上對日本的注意力也不像我們今天所遭受的那麼大。一個國家在經濟發展的過程中，爲了使技術水準提昇，往往會模仿先進國家的產品來製造，像二次世界大戰以前的美國，也曾有仿冒的紀錄。但現在的情勢與以前完全不同了，國際競爭不但非常激烈，而且保護主義也在擡頭，仿冒就成爲嚴重的問題。那麼，我們究竟是繼續仿冒下去？還是急起直追，加強創新？我們當然選擇後者。但是，加強創新與發明不是口號，而是要靠實踐去證明的。

第三個是外銷比例。外人來我國投資設廠，我們規定其外銷須占一定的比例，過去並未引起任何不良反應。但今天情況完全不同了。我們這項規定已引起了美國人的不滿。原因是：我們賺了他們太多的錢，不應該有這種規定。例如：今年第一季出口，對美國的順差已達二七億美元，數字相當可觀。因此美國認爲「外銷比例」就是一種不公平的措施，而且再三強調，如果我們堅持要維持「外銷比例」的規定，它們對臺的貿易措施就要重新考慮。

從前，一個產業如果不能成長，政府會加以補助，認爲這是當然的事；但從今天的國際觀點，政府的補助也被認爲是不對的行爲。像美國，他們認爲政府補助的工業產品，出口到美國後的價格偏低，與美國產品競爭，美國就處於不公平的地位。所以他們也要干涉我們對出口產業所作的任何補貼。

以上這些問題，都是我們採「以柔克剛」策略之前所應該檢討的。

經濟自由化、國際化有利我國形象

以下分析「以柔克剛」的對策。今天我們所面臨的情勢是：從今年元月到五月，我們的出口成長率是百分之一八，除了韓國的百分之二七，是各國中最高的之外，其他國家都沒有成長得像我們這麼快。如果進一步看進口，情況卻一直不太好；進口情況不佳，就造成貿易剩餘，貿易剩餘不斷的累積就是一個經濟問題。一個國家保持適度的外匯存底是有益的，但若外匯存底像我們現在這麼龐大，也是一個極重的負擔。

從這個觀點看，「以柔克剛」的第一個對策就是：逐漸降低關稅稅率、大量開放進口，減少貿易順差。大量進口可滿足社會大眾的需要，同時也讓外國人知道，我們的確在想各種方法調整我們的貿易。大家知道，當降低關稅稅率時，大部分的消費者都是歡迎的；只有那些所謂幼稚工業、民族工業及策略性工業的業者不歡迎。對於降低關稅，也非一夕之間可以完成，它需要時間。因此，政府應訂下時間表，讓各種產業的業者瞭解，在多長的時間內，關稅將降低多少幅度，使他們在心理上有所準備。

第二、我們應該徹底檢討，有那些措施易被西方人當作藉口，來對我們採取保護措施。例如從前政府補助某些企業及規定外銷比例，我們認為理所當然，但是今天別的國家已經不認為那是理所當然的。所以我們不論採行那一種經濟措施，都必須先考慮西方人的觀點，免得在出口時，遭到他們的抵制。

第三、我們要儘量宣傳經濟自由化的策略。這個策略，是前年八月行政院院長俞國華提出的，俞院長認爲我們應該經濟自由化、經濟國際化及經濟制度化。過去一年多以來，經濟自由化的主張對我們產生了有利的影響。美國在國會提出了不少保護性法案，而將臺灣排除在外，引起韓國人的眼紅，其原因就是我們的政府倡導經濟自由化、國際化的策略對美國產生了效果。因此，今後我們必須利用多種管道，向西方國家宣揚，我們是不斷地在進行經濟自由化及國際化的策略。事實上，經濟自由化對我們的確是有利的。例如：近年來，進口速食業即對臺灣造成很大衝擊，外商速食公司賺了很多錢，但也給國內速食業一個檢討的機會。我們傳統的速食業衛生條件太差。在過去經濟不發達的窮困時代，是無所謂的，但當我們的國家變爲富有時，情況就不同了。今天引進了西方服務業，給我們帶來極多良好的教訓，諸如清潔、服務態度、經營觀念等，這是我們在軟體技術方面得到的好處。

扮演第三世界的積極投資者

第四、對美國進行投資。這是多少年來，研究經濟學者所認定的投資方向。幾年以前，不少人認爲「對外投資」就是「資金逃避」，就是「資金外流」。本質上，兩者並不相同。就今天的需要來說，我們需要對外投資。例如日本的科技現在如此發達，並不是一天造成的。遠在一九七〇年代初期第一次石油危機發生後，日本就積極設法引進外國技術。那時美國很多研究機構都發生財務困難，甚至近於關閉的困境。日本許多大企業看準這種現象，就提供這些美國研究機構以經濟補助，要它們用以後的技術發明與創新作爲交換。結果數年之後，日本所付出的這點資本，就得到很大的好處，而其收穫比投下的資本要多得多。八〇年代初期，美國經濟不景氣時，美國許多中小企業也有了困難，日本就買下一些具技術發展潛力的工廠，成爲它們的老闆。由於是工廠的老闆，轉移技術就非常容易與方便。還有美國許多公司的股票在下跌或要轉讓時，日本企業家也買了許多。依美國慣例，只要擁有公司整個股票的百分之七・八，就會有該公司的操縱權。透過這種程序，日本又握有許多公司或工廠的支配權，從而將許多尖端科技引回國內。由於日本人爲工廠所在地解決了失業問題，工廠所在地的人對日本就產生好感；當工廠有收益時，日本人又提出一部分利潤捐給當地的公益事業，以爭取當地美國人的支持。雖然日本對美國出超是我們對美國出超的五倍，但日本受到美國的壓力卻不比我們多，就是因爲日本人利用這些管道，每當有人主張抵制日貨時，這些受惠的美國人就會自動地爲日本人說話。

反觀我們，對於這條日本人走過的老路，應否學習去走呢？目前我們有三百多億美元的外匯存底，對一個國家來說，有這麼多龐大的外匯，在美國可以產生較大的力量，轉變部份美國人對我們的觀感。

第五、加強對世界其他地區的投資。今天我們在已開國家發的貿易遭遇這麼多困難，要採取什麼措施去化解呢？其實，我們擁有這麼多外匯，對其他國家也可進行投資，譬如在東南亞國家。爲了掌握原料的供應，我們也該從事這種對外投資；像石油，現在雖已跌到每桶十五美元了，但預期將來油價仍會上昇；像煤，是石油的代替品，對這些原料的掌握，是必要的。其實，對外投資這種政策也不是我們發明的，日本早在二十多年前就實施了。日本之所以在臺灣投資，就是因爲臺灣勞工的品質好、而工資較低，對它的出口有幫助。同時日本在印度尼西亞、馬來西亞、菲律賓也投下很多的資本，以掌握當地的資源。最近，日本又到美國去投資，爲的是掌握美國的資源——人力、技術及原料。所以我們今天不妨也在其他地區進行投資。若我們能在其他地區進行投資，一方面可以掌握當地的原料，另一方面也可利用當地的廉價勞工。臺灣經過二、三十多年的迅速發展，工資一天比一天貴，在亞洲地區除日本、新加坡外，臺灣的工資是最高的。因此，我們不妨利用其他地區較爲低廉的勞工來發展我們的某些產業。有些開發中國家的輸出，在已開發國家並沒有被設限，我們也可以在這種未被設限的國家投資生產。例如：三、四年前「加勒比海方案」就是這類投資。以今天的地位及財富，我們的確可以做很多事情。回憶在二次世界大戰剛結束的那段時間，美國的富庶尚不及今日的臺灣，但當時美國在世界上做了許多事情，在復興世界經濟時扮演了非常重要的角色。今天我們是否也需要用這種胸襟，在第三世界扮演一個積極角色？

制止仿冒，積極開拓各國市場

第六、加強消除仿冒現象。仿冒現象不僅是個國際問題，也是個國內問題。在國際上，當我們的發展尚未達某一程度時，在某些方面發生仿冒現象也是難免的；當它變成重要問題後，我們應儘量減少這種現象的發生。同時在國內，也有相同現象發生。有些人費了多年努力，投下很多資本來發明一樣東西，但當這項產品在市場出現，不到數月，仿冒品就來了。過去所投下的代價付諸東流，這是件非常不公平的事。人家費九牛二虎之力才創造一樣東西，本錢還沒有撈回來，仿冒品就上市。這種現象不但不公平而且不道德。我們希望今後政府在這方面，有特別的法令規章，制止這種不正當行為的發生。

第七、積極分散我們的市場。最近二十年來，我們的出口一直集中在美國，今後應該積極分散市場。這不是減少對美國的出口，而是想辦法在其他地區增加出口，譬如歐洲市場。歐洲的面積及國富並不比美國小，但對這個地區的貿易，我們的貿易額仍屬有限。再如中南美、非洲，我們與他們的貿易關係也是有限。今後應在這些地區增加貿易，以減輕對美國這個市場的依賴。

第八、援外計畫的構想與實施。以我們今天所擁有的資本及外匯，可在世界各地扮演一個重要角色，特別是在第三世界。由於與我們有正式外交關係的國家愈來愈少，需要在第三世界發揮較大的力量，於是我們考慮到「援外」計畫。爲了援外，必須先解決資金來源問題。不論援外若干，都需經過政府的預算程序才能生效。如果因此而增加消費大眾的賦稅負擔，要達成此一目的，也就非常困難，但我們仍可想其他辦法達成此一目的。自去年九月起，美金的價位相對日元及歐洲貨幣不斷地在滑落。假定我們對外匯的運用能夠加以改變，譬如說，我們能請到三、四位世界上第一流的財務管理專家，將三百多億美元的外匯存底，提出其中三分之二請他們操作，剩下的一百多億美元，則以美國當時的利率生息，我想這筆外匯存底所賺取的數額，一定超出僅以利率所生的正常利息所得。我們可將這多餘的部分當作援外的經費。當然，處理這個問題說來簡單，但在實際情形，必須大家先有共識，才能達成此一目的。

第九、提升技術水準、改善產業結構。只有提升技術水準，才能改善產業結構；只有改善產業結構，才能突破國際保護主義的障礙。這可從二方面來做，一方面不斷生產新產品，因爲國際上的保護措施，都是針對比較傳統的產品。我們能生產這種產品，外國也能生產這種產品，因此市場競爭就比較激烈。假使我們能不斷的創新，能設計並製造一種新產品，那就可迴避國際保護主義這道防線；另一方面，就是要提高我們產品的品質。從前美國對進口的紡織品設限，但這個設限是在量上，並未在質上。同是一雙鞋子，義大利製的值一百或二百美元。臺灣製的只要一、二十元美金就可以了。如果能在品質上下工夫，使它賣到一百多元美金一雙，卽使有量的限制，仍可以繼續出口，不致於影響出口金額。但是有一個條件，就是要提高品質；而提高品質必須先提高技術。

物美價廉與物美價昂是我們的兩條路線

國際市場上的競爭，有兩個因素最重要，那就是工資水準和技術水準。這兩種因素有各種不同的配合。若工資水準高，技術水準低，其競爭能力必低；若工資水準低，而技術水準高，競爭力就很強，可說無往而不利。我們檢視這二方面的配合：在工資方面，我們已簡化其爲高、低二種水準；在技術水準方面，我們也簡化其爲高、低二種水準。在工業化國家，他們的工資水準很高，而他們的技術水準也很高。在這種情況下所生產的產品，通常是品質高、價格也高，在國際市場上有其銷路；工資水準低，而技術水準高，它所生產的產品是價格低而品質高，如果生產結構是這種組合，在國際市場上會所向無敵，因爲這種產品物美價廉，這在有些工業化國家及我國的某些產品會有這種現象；如果工資水準高而技術水準低，生產的產品多是價格高但品質低，這種產品在市場上將無銷路，而生產這種產品的工廠也將被淘汰；工資水準與技術水準均低，這情形可在許多開發中國家發現，所生產的產品價格低而品質也低，這種產品在世界上也有銷路，例如美國就有許多種所得階層，最低所得階層的人就喜歡購買這些產品，故也有銷路。

我們要發展的方向，應該是價格低而品質高的產品，或者品質高的而價格也高的產品。當與同類競爭的國家相比較時，如果工資一樣，只要我們的技術水準稍高一籌，我們就會在競爭中獲勝。技術水準高，成本通常會降低，即使是高工資，其成本仍是便宜的。提高技術水準，是改善產業結構的最有效的途徑，也是在國際競爭中獲勝的最有力保證。

我們根據前面的分析，得出下面幾點結論：

㈠保護主義是競爭失敗者的撒手鐧。當西方國家強盛時，我們從來聽不到他們的保護主義聲浪，只聽到自由貿易的呼聲。今天，這些國家趨於劣勢，它們要保護它們的夕陽工業，所以主張保護主義。而今天我們正像朝陽一樣不斷的在上昇，我們所要強調的是自由貿易，而且我們只有走這條路，我們的競爭能力才能增強，而經濟才能不斷地發展。如果今天仍停留二十多年前那種保護幼稚工業的思想，今後在世界上就無法繼續生存下去。

(二)「以牙還牙」的策略只能加重保護主義的色彩，不能為我們解決問題。而且思量前後，我們沒有「以牙還牙」的本錢。當我們沒有這種本錢的時候，就必須改弦更張，採取另一種方式，來想辦法化解保護主義帶來的衝擊。所以我們應「以柔克剛」，而非「以牙還牙」。

(三)提高技術水準是增強競爭力的最有效途徑，也是我們克服今後貿易障礙的有力武器。我們如何提高技術水準呢？可分硬體與軟體兩方面。如管理是屬於軟體的，而生產技術則屬於硬體的。今後要朝這個方向——軟體及硬體的技術來發展，這條是今後必須要走的路，如果放棄這條路，今後在國際上，將失去競爭的力量。

(四)今後更應不斷推動經濟自由化。唯有在經濟自由化之下，才能產生對外競爭力量。如果經濟不能自由化，對外競爭力量就無法鍛鍊出來，這好像運動選手一樣，必須經常參加競爭，最後才有得勝的希望。如果沒有競爭的環境，要想磨練出一個好選手，則是相當困難的。

(原為一九八六年度演講選「瘦小的富翁」黃明堅主編，久大文化公司出版民國七十六年)

第四部　決策者意識應有的調整

民主政治與經濟發展

民主政治與經濟發展有十分密切的關係。從近百年來世界各國發展的歷史中，我們不難發現，凡經濟發展到人民皆享有富裕的生活時，其政治制度幾無不是民主政治，即使民主的方式不盡相同；凡民主政治步入正軌的國家，其經濟發展鮮有不臻入成熟之境者。但是，世間之事並非盡如理想一樣的完美無缺。當我們將最近二十年來各國的民主政治與經濟發展結合在一起剖視時，會發現有些瑕疵在發生，而且在很多國家，這些瑕疵已變得相當嚴重。在某些先進國家，它已腐蝕了經濟的體質，使其呈現沒落的跡象，而在很多後進的國家，它已扭曲了民主政治的本質，使其得不到正常的發展。

人民的眼睛未必雪亮

就以西方的先進國家而言，作爲民意代表的人，眞正爲國家利益而爲社會大眾說話的人並非沒有，但是爲個人政治前途而蒙蔽民意，甚至強姦民意的人，爲數並不少。有人常說，人民的眼睛是雪亮的。也就是說，你欺騙不了人民。這種說法並非完全眞實。在長期，經過慘痛教訓後，人民的眼睛終會變得雪亮些，但在短期，一般人常爲花言巧語所欺騙，小利薄酬所蒙蔽。近代歷史上，利用人民充作政爭工作，達成私慾的政客，可說屢見不鮮。

像在西方的不少先進國家，人民的教育水準不謂不高，大衆傳播工具不謂不多，然而在選擇代言人時，人民也會犯下盲從的錯誤。一般野心的政客們非常瞭解社會大衆的「短視」與「健忘」的缺點。當他們參選時，常常利用兩種主張爭取選票，以求進入國會。這兩種主張是：

㈠一旦當選，一定要政府大量減稅。選民們無不歡迎這種主張，進而積極地擁護這種主張，因爲減稅是人人所喜愛的措施。尤其在那些以累進所得稅爲政府主要收入的國家，這種主張更會受到社會大衆的普遍支持。假如一個人去年的所得稅率是百分之四十，明年改爲百分之二十，他會毫不考慮地擁護這種候選人，因爲一旦這個候選人當選，他的主張實現，等於增加了收入，何樂不爲？

㈡一旦當選，一定要政府增加社會福利支出。社會福利，失業救濟是西方社會行之多年的制度。如果社會福利支出增加，人在退休時有較好的收入；在失業時，有較多的救濟金；

在工作時，有較好的醫藥補助。這種主張最受社會大眾的歡迎與支持，因爲這種主張一旦實現，自己所享受的福利就會增加。前一種主張最受每年付稅較多的中、上所得階層的支持；後一種主張最受勞工及低所得階層的支持。然而，將這兩種主張併在一起考慮時，破綻就露出來了。

道理很明顯。政府不是生產財富的機構，而是負責重分配的機構。也就是說，政府用一隻手收取社會大眾所繳納的稅金，又用另隻手將這些稅金按各種目的分配給社會大眾。如果沒有稅收，在一個民主社會，就不可能有支出。如果政府在稅收不足的情況下，作大量的支出，不是靠發行公債來挹注，就是靠發行貨幣來支應。如靠發行貨幣，必然會引起通貨膨脹，在通貨膨脹的情況，低所得及固定收入階層所受的不利影響最大；如靠發行公債，那就讓下一代來承擔債務的償還。像美國，一九八六年的預算赤字就高達二千億美金。爲了彌補稅收之不足，美國政府發行了很多公債。美國人民無力購買，祇有賴外國政府去承購。不管債主是誰，公債到期，本利都要償還。因爲預算赤字每年都發生，公債的累積也就愈來愈多，足使下一代爲償還先人的債務而喘不過氣來。

民主往往遭扭曲濫用

在許多邁向民主政治的後進國家，民主政治會被惡勢力扭曲而變形，也會被金錢誘惑而變色。一旦民主被利用與濫用之後，就會成爲兇手，回頭呑噬自己。常見的現象是：一個市政府的重要工程幾乎全爲身兼或身爲市議員的營造商承包而去。如果有關官員膽敢制止這種現象的發生，他們就會在市議會上被「整」，輕則紗帽保不住，重則以「圖利他人」的罪名而身陷囹圄。尤其當公營事業爲一國經濟的特色時，一些民意代表更能發揮其「制衡」的功能。就以公營銀行而言，民意代表有兩種特權可利用：一種是可獲得大量的低利貸款。在一國經濟發展之早期，一般企業均缺乏資金營運，在此情況，能得到所需的資金已屬不易，而他們卻得到足够的低利融資。另一種是左右公營銀行人員之升遷與任用。這些銀行的人員若有出缺，民意代表的推薦爲優先；如有升遷，對民意代表的說項必須要尊重。若公營銀行不能滿足民意代表的索求，他們在議會時，就會藉題抨擊。這些銀行主管爲了飯碗，不曲予應付者極稀。

民主的決策程序冗長

民主政治制度的決策程序是種冗長、說服與妥協的程序。從政策的提議到立法，再從確認到執行，要經過很長的時間，因此，具時效性的政策往往成爲明日黃花；具前瞻性的政策也很難獲得通過。這種決策程序有它的好處，即經熟慮過的決策可減少犯錯誤的機會，不會有「倉促成軍」所產生的後遺症。壞處是：除非問題變得嚴重了，才會受到民意機構的重視。像今天環境污染問題是如此的嚴重，有人就批評政府爲什麼不在二十年前就注意防制？若果在二十年以前，有人提出議案預防未來一定會變得嚴重的污染問題，則能否贏得社會大眾的共識就是個疑問。當時一定會有人批評這種看法是杞人憂天。即使有人拿美國、英國及日本的經驗作例證，也難得到社會大眾的重視。這使我們想起二次世界大戰時日本軍閥偷襲珍珠港，重創美國海軍一事。據說在事變發生前，美國政府已獲悉這個情報。這也就是說，如果日本軍閥不偷襲珍珠港，使美國遭受重大的犧牲損失，美國國會及人民不會對參與太平洋戰爭有興趣。儘管世間會有先知先覺的人，但在民主政治制度下，一般的現象是：有了事實才有人相信；無事實出現，前瞻性政策措施很難得到決策階層的共識。

減少民主政治的瑕疵

這些民主政治與經濟發展不調和的現象，是我們所聞知的，而其中部分也是我們所經歷過的。問題是：我們能免除這些弊端的繼續發生嗎？雖無肯定的答案，但我們需要作下列諸方面的努力：

㈠使社會大眾獲得眞正的知識：這要靠教育，靠輿論，靠大眾傳播工具。我們應教育人民認識國家利益的重要性，以及政府應有的功能。同時要提供他們以眞正的知識和精確的資訊，使他們知道那是眞理，那是正義。對於提供不實資訊，給人民製造矛盾陷阱的個人或團體，應予以輿論的撻伐，或法律上的制裁。

㈡要有制衡的政治運作：凡利用議會權力，肆行其私慾者，應予揭發，公諸於世。同時要把我們的文官制度眞正的建立起來，使每個公務員無懼於任何惡勢力的威脅與敲詐。尤其在選舉前，有關當局應將已揭發的案例公告於社會，使選民知所選擇。

㈢將公營事業的管理制度作徹底的改革：凡能轉移民營的公營事業，應儘量將其民營化，凡不能轉移民營的，則允其有最大的自主權，藉以排除議會的干預，以及政府審計制度的事前限制，就像法國的國營事業一樣，經營權能自主。

避免步入錯誤的覆轍

在經濟發展的歷程上，我們是後起之秀；在民主政治發展的過程中，我們既非先驅者，亦非落後者。處在這個中間地位，我們享有較多的利益，那就是從先進國家的經濟中學習、吸收我們所需要的東西。為此，我們僅僅付出很少的代價，或者不必付出代價，就可避免步入錯誤的覆轍，進而達成政治民主、經濟自由而富裕的目的。

（原載民國七十六年九月二十九日聯合報）

決策者意識應有的調整

過去近四十年期間，臺灣是世界上經濟發展最快的一個地區，正由於經濟發展得太快，整個社會受到了空前的衝擊，也起了相當大的變化。在這些變化中，最值得我們重視的，不是馬路之拓寬，車輛之增多或高級住宅之興建如雨後春筍，而是傳統經濟觀念所受到的挑戰。過去被認爲是金科玉律的經濟觀念，而今被視爲明日黃花，不值一顧；從未流行的經濟思想已充斥於市，而且變成了時尚。處在這種新舊交替的時際，我們亟需理清我們所需要的經濟觀念，該揚棄的，就應揚棄；該接納的，就應接納。尤其爲了迎接未來的時代，掌握發展的方向，不應再留戀那些不合時宜的經濟觀念，因爲它會誤導決策的形成，造成更多資源的浪費。

經濟發展的具體成果，有三個面是比較重要的：

㈠教育程度的提高：社會大眾由「無知」變爲「有知」最具體的反應，乃一般社會大眾對經濟問題、政治問題和社會問題，不但產生了興趣，而且也有了自己的看法。也就是由照單接受變爲質疑，由全心順從變爲立異。尤有進者，他們開始不相信權威，轉而重視自己的知識與判斷。

㈡物質生活的改變：一般社會大衆已由貧窮變爲富有，進而由生活水準的提升變爲生活素質的改良。事實上，當人們富有之後，透過富有眼光所看到的世界與處於貧困時所看到的局面不盡相同。因此，他們對社會的評價標準也就有了大的改變。

㈢意識型態的解放：當一個社會由閉塞的環境解放出來之後，人們喜歡用世界觀來看所面臨的問題，用國際標準來評判國內所發生的事物。尤其最近十年，由於交通便捷，國際間距離縮短，資訊傳播迅速，彼此間影響增大。用先進國家的價值尺度來衡量國內事物之現象更加普遍。

由於這三個重要成果的產生，不可避免地要引發兩種在西方常見的現象：⑴消費者「主權」意識的增長——如消費者運動、自力救濟運動等，⑵「民主」意識的壯大——如對政府權威的挑戰，對傳統價值的否定，以及對個人利益的強調。

就對政府的決策者而言，目前正遭遇經濟觀念上的挑戰，較重要的有下列數端：

一、對政府角色的質疑

政府扮演的「保母」角色正受到「民主意識」的挑戰。在過去，教育不够發達，民智未普遍開化，政府的確扮演了保母的角色。保障國家的安全責任，維護人民生命與財產固是政府的責任，改革土地制度、提高農民生產力、發展工商業、開拓國際市場，政府也是責無旁貸。由於社會的菁英大都集中在政府部門，政府有能力定策略、擬計畫，而社會大眾也無不認爲是天經地義的事。同時人們對政府所作的各種建樹常視爲一種德政。茲就從這個角度來觀察，政府在過去三十多年經濟發展過程中所扮演的，確實是保母的角色。

但是這個角色要隨經濟發展的階段而改變，正像一個小孩子在年幼時受到父母的呵護與叮嚀，當進入少年時，父母的呵護漸漸變爲對父母的不耐，父母的叮嚀成爲令人討厭的嘮叨，父母的指派變爲對個人自由的限制，處在這個階段，如果做父母的仍不肯放手讓兒女去做，父母與兒女間的關係就會由親近變爲疏遠，由一起生活變爲分道揚鑣。在經濟發展過程中，政府與人民的關係也是如此。到目前這個階段，政府已無力指導企業家應發展什麼產業，也不能再用任何方式去保護它們逃避外來的競爭。它所能作的是爲工商業提供一個發展的環境。這種轉變卻不是一夜之間就可完成的事，需要較長的時間來調整，但在調整的過程中，決策當局必須克服在內心所產生的挫折感。

二、對勤儉建國的評價

政府所倡導的「勤儉建國」，迄今已產生了輝煌的成就，這種成就，在中國歷史固罕見，在世界各國中也少有。可是，過度的節儉與未善加利用的結果也會發生後遺症。

舉目看看四周的世界，我國非大國，但外匯存底多過英、美及西歐各國，至於同開發中國家相比，更沒有一國能望我國之項背，這個成就一方面固然創造了臺灣富有的形象，另方面，卻成為美國加強保護其貿易的藉口。今日要我們擴大進口，明日又要我們新臺幣大幅升值。在國內，由於支出少，而所得多，大量的儲蓄累積下來，以去（七十五）年而言，毛儲蓄率幾達百分之三七，今年將超過百分之四〇，這是世界上最高的毛儲蓄率，以致銀行不斷壓低利率，即使壓低利率，許多銀行對定期存款也失去興趣，對超過百萬元以上的儲蓄存款加以拒絕，或僅同意以更低的利率存入。同時在國際收支方面，在累積的出超所產生的龐大外匯存底，也迫使新臺幣對美金不斷的升值；若升值超過某一限度，就會使出口產業失去國際競爭力。因此，我們必須改變一切為出口的觀念，設法增加國內需求，即一方面增加國內消費支出來提高生活品質，另方面增加投資支出，來提高生產力。

三、公共建設決策的多面考察

在經濟發展的早期階段，從事公共建設，最大的困難是經費來源。只要經費有著落，這項建設很順利地就可完成，即使到了民國六十年代中，還維持這種局面，即只要經費許可而技術無問題，都會在預定的時間內完成所計畫的公共建設，像十項建設、十二項建設。但是，最近四、五年來，對公共建設的要求完全不同了。要從事一項稍具規模的公共建設，至少要考慮三個面：

㈠技術上可行性：就是在已知的技術情況下，有無可能從事這項建設。

㈡經濟上的效益性：從事這項建設可能產生多少收益，而又費去多少成本，在比較之下，是否益大於本？同時，在採行的方式上，絕非僅有一種，而是有很多替代方案供選擇。

㈢環境的影響：任何一項較大的公共建設，都會對環境造成破壞。包括自然環境、生產環境、住居環境與休閒環境，因此對環境的影響須加以評估。如臺電想在天祥附近興建電廠，因慮及會破壞景觀而被否決，民間企業想在太魯閣附近發展水泥廠，因慮及它會破壞附近景觀，造成汙染，也被反對掉了。核四廠興建之未能付諸實施也是受了這個因素的影響。

很明顯的，今後對稍具規模的公共建設，需經過一段相當長時間的規劃過程，才能被確認。這也就是說，前面所提出的三個層面，必須加以評估。任何具規模的公共建設需先以客觀的學術研究作基礎，不再完全依靠行政首長個人的靈感或偏好。

四、滋生不平與浪費的變相補貼

在經濟尚屬落後的階段，國庫匱乏，軍公教人員及公營事業人員待遇不高。在此情況，政府為了增加其福利，安定其信心，採取了些權宜措施，就是對政府所經營的或生產的東西，給予半價優待，甚至免費供給。殊不知這種措施行之日久之後，就產生了社會的不平與浪費。例如軍公教福利中心之設立，其目的是讓購買者免稅購買所需要的生活必需品，其意至善，但是經濟發展已達至很高階段，而軍公教人員的待遇並非社會各階層中最低的時候，有人就認為這是一種不公平的措施。他們認為一般升斗小民，所得可能更低，由一般商店購買必需品時尚需付稅，為什麼軍公教人員就不必付稅？再如電費半價優待也產生了浪費的現象。當大眾均努力節省能源時，有些免費或半價付費的特別用戶就會因電價低而多用電力。政府應作的，寧可用貨幣補貼，不宜用實物補貼，因為實物補貼易生浪費，而貨幣補貼反而會被有效利用。除此還有車票半價，機票半價等優待，此不但造成所得稅徵收上的損失，也會使公營事業的損益無法確實。

五、防弊爲重的財務管理

我國許多法令規章訂定的出發點是爲防弊，而其後果乃在經濟上失去效益，在制度上形成死結，在效果上粗製濫造。例如：

㈠低價招標：會計上，在當年會爲政府節省一大筆經費，但在效果上，凡政府的建築，不偷工減料者少，不粗製濫造者也不多見。建築完成之後，爲修補所花的經費往往超過因低標所節省的費用。

㈡折舊年限：政府對於半耐久性財、或耐久性財，皆訂定其法定使用年限，如汽車之類，需使用十年才得以報銷。而由於科技的突飛猛進，新模型的不斷翻新，往往新模型一出現，舊模型就無人問津。由於使用過久，在修理上要花上較高的費用，且有時找不到要更換的零件。有些耐久性財，因使用年代較久，其維持費用增大，購買新的比留用舊的反而付較小的費用。

㈢呆帳：所有公營銀行對呆帳都有嚴格的規定。在西方國家，一般商業銀行對其呆帳都有較合理的處理方法，但在我國，對呆帳規定過嚴且不合理。一旦呆帳發生，當事人不僅要賠償，還要坐牢。在這種制度下，公營銀行得不到正常的發展，而地下金融反而欣欣向榮起來。

六、過度平均化的政府待遇

在政府財力不足，而社會大眾亦不富有的階段，公務人員待遇平均化確有其需要，因為這種待遇可使每個人都得以溫飽，而無凍餓之虞。但當經濟發展到較高的階段時，平均化的待遇就不合理了，因為它對刻苦耐勞、冒險犯難的精神毫無鼓勵作用，相反地，它會誘使公務員貪汙枉法，更會使人兼職兼課，不安於崗位，不專心於公務。最近十多年來，有不少優秀的公務人員或流向國外，或流向民間部門，但由民間部門流回政府部門的人才並不多。例如一位司長、次長級的官員，其待遇尚不及一位教授，而且比公司經理的待遇要差得多。但教授職位較有保障，而高級政府官員卻無保障，一旦不在位，出路就成問題，生活也成問題。因此許多由教育機構聘去擔任高級官員的人，多不肯放棄原有的業務，以免掛冠之後，無工作上的憑藉。

民間部門對於逾時工作，訂有逾時工資，這種工資通常要比規定時間為高，但是公務員加班費仍停留在十多年前的標準，一晚的加班費尚不足買碗牛肉麵吃，這種戰時為公節約的制度不應再繼續應用於平時。

七、永不改變的奢侈品認定標準

奢侈品的認定標準是隨所得的提高，流行的程度而改變的。二、三十年前所認定的奢侈品，今日大都變爲必需品；從前，擁有轎車不僅代表富有也代表地位；今日，即使販夫走卒也能擁有自己的轎車，而且將其當作一種謀生工具。過去大部分女性的化粧品都被視爲奢侈品，如香水、口紅、尼龍絲襪等，因此在進口關稅率上，都訂得很高，以期能限制其輸入，藉以保持民俗的樸實之風，但是在今天，女性化粧成爲平常事，而化粧品已非奢侈品。老實說，科技進步如此之速，社會變遷如此之快，我們已無能力去辨別什麼產品是奢侈品而非必需品。我們應按現在的生活水準，認定商品的用途，對關稅稅率作適當的調整。

八、對徵收工程受益費的單面考慮

凡公告工程，如道路完成後，其附近的土地及房屋的所有人，會因環境改善，需付受益費。這種規定適用於某種情況，但不適用於很多情況。例如一個偏僻的郊區，因對外道路的開闢，而使該地區的房地產價格提升。爲此，政府當局收取某一數額的費用是合理的。但是類似的問題並不同樣單純，譬如：一項規模較大的工程，施工期間長，而在施工期間工程附近的居民均蒙受很大的損失，但卻得不到補償，可是工程完成之後，再令其繳納一定數額的受益費，顯然不合理，亦不公平。像最近三年來，臺北市中華路一段西側的商店，因爲修建地下鐵路，無論百貨商店或餐飲業都生意淸淡，無利可賺，營業情況相當惡劣。對他們在鐵路興建期間所受到的損失，理應得到政府適當的補償，鐵路修建完成後，才能向他們徵收受益費。同時，工程完成後，附近居民是否受益，也要視這個環境是商業性，還是純粹家居性而定。對後者而言，他們認爲安靜的居住環境受益大。但是馬路開拓後，他們的居住環境惡化，他們就無益可享。例如建國南路和北路就是個最好的例子。附近居民反而因該路的興建，無論營業或居住，均受到不利的影響。

結語

經濟快速發展的結果是教育水準的提高，認知範圍的擴大和自我價值的重視。人們對政府的作爲，不再相信其「當然」，對其「所以然」也要加以探查。這種轉變無疑是對傳統觀念的一大挑戰。對政府決策者而言，這種挑戰會產生挫折感，甚至無力感，我們必須指出這是經濟高度發展過展中的必然現象。我們旣不能規避，只有勇敢地適應化解。同時要擷取先進國家的經驗，因爲他們的經驗有可借鏡之處。如此也可減少因自己嘗試而致錯誤所產生的不良後果。

（原載民國七十六年十一月二十三日聯合報）

未雨綢繆公共投資規劃

無論從經濟發展的觀點，或從提高生活素質的角度，臺灣的公共投資是不足的，也是比較落後的。至於不足與落後的程度究有多大？近鄰日本的公共建設固可作爲我們的借鏡，西歐國家的生活環境更可作爲我們追求的標竿。

一、公共投資的必要性

經濟發展的終極目的，就是生活水準的提高與生活素質的改善。一國之國民除以自己的能力爲家庭環境作不斷的改善外，還有一個公共環境需要與家庭環境相配合。如果公共環境相當落後，要想使家庭環境「獨善其身」，事實上相當不易，而且不良的公共環境會破壞家庭環境。對於公共環境的改善，不能單靠有心人士的善舉，就像過去農業社會，少數仕紳和地主自費造橋修路，因這種力量畢竟是有限的。要改善公共環境，主要靠政府的力量，由其有計畫地完成每一經濟發展階段所需要的公共建設。爲因應這種需要，公共投資十分必要。推動公共投資，要注意其擬定的過程，實施的時機，以及所需資金之籌措。

二、需作未雨綢繆的規劃

重要的公共投資通常有一個擬定的過程，而這個擬定過程與這個國家的進步程度有關。就臺灣的情況而言，十年以前，進行公共建設主要靠決策者而不是靠一般社會大眾。因此，在那個時代，決策者的遠見、果斷與魄力十分重要。如果他有遠見，而考慮周詳，他會知道何時該進行何種建設，祇要財力無問題，他就會進行公共投資。隨著教育水準的提高，社會大眾自我意識的覺醒，以及預算程序之被重視，這種傳統的決策方式就受到了挑戰。那就是說，重大公共投資之形成不再僅來自少數政府的決策者，也來自社會大眾。處在這種情況，公共投資從觀念形成到決定進行要費相當長的時間。通常要在二年到三年之間。費長的時間去擬定，其好處是避免或減少錯誤決定所造成的資源上的浪費，壞處是緩不濟急，而且也會與經濟變動所需背道而馳。爲了避免或減少錯誤決定所產生的浪費，也爲了避免時過境遷所造成的不利後果，對於重大的公共投資，需要作未雨綢繆的規劃。

三、公共投資規劃的層次

首先要進行的，是先確定公共建設的項目及進行的優先次序。對於任何國家的政府而言，其財力畢竟是有限的，而所需要的公共建設則是無止境的。因此，對於一個政府而言，必須先確定那些公共建設是必要的，那些需先進行，那些需後進行。爲了確定公共建設的項目及優先次序，應循適當的管道與方法。爲此，不妨先由政府當局提出若干公共建設項目，徵求地方首長，民意代表，學者專家去認定。譬如，每年選出五個項目，然後就這五個項目進行評估。這個評估程序十分重要，而且最好由權威性的學術研究機構負責評估。凡通過評估者，才能進行；否則，就不必枉費人力、財力了。評估的範圍包括三方面，即㈠技術上的可行性，㈡經濟上的效益度，和㈢對環境的衝擊性。茲就這三方面作扼要之說明：

㈠技術上的可行性：對於一件重大的公共建設，應考慮其在技術上的可行性。如果技術上的可行性不大，就不宜進行。譬如從淡水到臺北火車站的捷運系統完全採行地下工程。對於這個工程，必須先探討該捷運系統在橫過基隆河時,由河底下進行,在技術上是否行得通？如果技術上太複雜，而且也無把握，必須停止進行這個工程或考慮其他的途徑。

㈡經濟上的效益性：進行一項公共建設會有很多途徑可考慮。在決定採取那一途徑之前，必須先考慮該途徑所產生的成本及所能收到的收益。如果效益超過成本，就值得採行；否則，就另謀他途。譬如橫過基隆河的捷運系統，在河面上進行的益本比較大，還是在河底進行的益本比較大？同時還要考慮財力上受限制的程度。如果財力受的限制大，選擇的範圍就比較小。

㈢環境上的衝擊性：任何一項重大的公共建設，無論在進行時，或完成後，對其附近的環境或景觀，多少有些不良的衝擊。有些衝擊效果是不可補救的破壞；有些在進行工程時，對環境不利，工程完成之後，則利多於弊。一項重大工程在進行之初，一般人所考慮的，乃它對環境的改變是否是破壞性的？如果其破壞力量超出附近居民所能容忍的程度，即使金錢上的補償仍無法使這些居民滿意時，應考慮其替代方案。

四、進行公共建設的時機

對於任何一項重大公共建設，在進行之前，必須先做上述的評估。如果通過每一種評估，這項公共建設就值得進行。如果每年能有五項重大公共建設經評估過關，這對有關當局，就是一項很重要的資產。問題是：如何選擇適當的時機，使其得以實現。

有些公共建設是當前迫切需要的，對於是項公共建設，可馬上進行；有些公共建設在目前並不被認爲是迫切需要的，對於是項公共建設之進行，要視經濟循環所處之階段而定。經濟變動有繁榮、有衰退。當經濟呈衰退現象時，民間投資往往趑趄不前，有關當局即可將評估過的公共建設提出，再經過修改，才會被採行。如果當經濟趨向衰退時，才著手評估所要進行的公共建設，就會產生與期望適得其反的結果。譬如當進行公共建設時，正是經濟復甦而不需要增加公共投資的時候。在這種情況，就會產生景氣過熱現象，或者形成投資的排擠效果。這也就是說，要使經濟政策有效調節經濟變動，使景氣不致過熱，或使衰退不會趨於嚴重，必須要重視公共建設應進行的時機。

五、公共建設所需資金之籌措

公共建設往往需要龐大的資金來支應，因此必須考慮其財源。其財源有三：

㈠財政上的節餘：像民國六十三年以來，政府所推行的十項建設，十二項建設，其財源主要是來自財政上的節餘。利用這種節餘不會發生財政上的負擔。不過，如果進行公共建設的時機不當，也會產生通貨膨脹的效果。

㈡外債：向外國銀行借錢是許多開發中國家所採行的一種手段。有些國家在這方面並不成功，反而弄得外債纍纍，像許多拉丁美洲的國家，考其原因，政府不夠清廉固是一個重要原因，而他們進行公共建設，忽略其優先次序及時機不當，也是重要原因。其中最成功的例子要數韓國了，韓國借錢從事公共建設，也從事工業發展，然後再用工業發展的成果去償還外債。

㈢發行公債：這是由政府主動向國民借錢，從事公共建設，也就是利用國民明天的所得進行今天的建設。付出代價的是明天的國民，享受成果的，也是明天的國民。就償還的意義來說，這種公債是公平的。除這三種財源外，也可用增加租稅的方式來挹注公共投資之支出。這種方式所受的阻力較大，儘管公共建設是「出之於民，用之於民」，但當代的人往往不願減少自己的享受，去從事公共建設。尤其在一個民主社會，增稅是件不容易的事。

六、踏踏實實的實踐

就當前臺灣的情況而言，公共建設的速度與經濟成長的速度不相配合，以致形成很多社會問題。都市交通過度擁擠是都市生活環境日趨惡化的重要原因，公路不足而鐵路速度不夠快則是南北交通經常杜塞的重要原因。除此，公園、綠地不足容納休閒的人羣，地下水系統不健全，垃圾仍未獲妥善處理，河川汙染亟待整治，都是公共建設亟應進行的對象。爲了使臺灣能成爲東方的瑞士，現代化的公共建設是必要的，因此，有關當局對必要的公共投資應作未雨綢繆的規劃，並踏踏實實的實踐，以掃除在臺灣所存在的落後與髒亂的陳跡。

（原載民國七十七年五月二日聯合報）

編列財政支出預算的原則

> 政府投資支出，讓下一代去分擔是有必要的，因爲上一代爲其創造一個良好的生存環境、教育環境和工作環境，由下一代分擔是合理的。

政府的功能主要爲保障國家安全，維持社會安寧與秩序，並提升一般社會大衆的福利水準。爲履行這些功能，政府的一隻手從社會大衆徵取賦稅，然後根據政府的功能，用另隻手將這些稅收重新分配給整個社會。因此，可以說政府的主要功能就是重分配。重視平衡財政的人，強調政府支出不應與賦稅收入有出入，絕不允許政府支出大於政府收入；重視功能財政的人則認爲，長期平衡有需要，短期平衡並非必要。在功能財政制度下，政府編列支出預算時，要有一個基準，即在繁榮時，政府支出可低於這個基準；在蕭條時，政府支出可超過這個基準，其目的是在調整經濟活動，使其在繁榮時不致於「過熱」；在蕭條時也不致於「過冷」。

支出比例年趨下降並非佳兆

政府支出多少才算適當？對這個問題很難求得確定的答案，因爲一方面要看一般人的納稅能力，另方面也要看政府在整個經濟中扮演的角色是「大有爲」？還是「無爲而治」？不過，對於一個獨立自主的國家而言，經過一段長時期的發展後，也會尋找出一個基準來，即政府支出應根據某一數據爲基準。無論如何，政府支出應視一國國民生產毛額之大小而定，因爲國民生產毛額之變動即代表這個國家的生產能量的變動。爲此，政府支出多以佔國民生產毛額比例的大小作基準。在這方面，世界上每個國家都不同，社會福利支出龐大的國家，政府支出在國民生產毛額中所佔之比例就大，如北歐的國家；無軍備支出或軍備支出受限制的國家，這個比例就小，如日本、香港、瑞士。就最近十年，各國政府支出佔國內生產毛額的比例而言，美國維持在三四—三八％之間，英國爲四七—五一％，日本爲三二—四四％之間，中華民國尚不達二〇％。値得重視的，乃中華民國政府的支出在國民生產毛額中所佔比例已在下降之中，因爲多年來政府支出的成長率遠低於國民生產毛額的成長率。政府支出中的政府消費支出在國民生產毛額中的比例，約在一四—一七％之間，已呈下降局面，而政府投資支出約在三・六—四・六%之間，也呈下降之勢。

支出結構應視需要而調整

政府消費支出的結構，應按現實的需要做適當的調整，譬如國防支出在政府消費支出中的比例，不宜長期固定，除非有特別需要，今後宜向下調整，因爲這一部份支出相當龐大，在國防武器力求現代化，而兵力相對減少的趨勢下，長期固定其比例便難以提高公教人員的待遇至合理的水準。相對的，基礎教育支出，基礎科學研究，環境防治支出，社會福利支出的比例均需作較大幅度之增加。對於政府投資支出之調整，固須視社會經濟發展之需要，更要視所處的經濟循環的階段而定。到社會經濟發展到某一階段後，如預期公共設施不足，或教育設備落伍，均應增加是項支出。爲使是項支出能調和經濟變動，每年政府有關單位應進行五至十個大型研究計畫，研究其技術可行性，經濟效益大小以及對環境的影響等，一旦有需要，這些已完成的計畫，稍經修改卽可馬上付諸實施，不致像今天有許多大型公共工程，因規劃落後，致有執行困難的情事發生。

各種支出應有理想財源支應

關於政府支出的財源，原則上，在長期（五至八年）應求收支平衡；在短期，則不需要使收支平衡，因爲對巨大經濟變動很難做精確的預測，一旦發生，政府當局責無旁貸，因此也就無法每年均能維持預算的平衡。對於政府消費支出，應以賦稅收入來支應，對於政府投資支出，除政府儲蓄外，可以發行公債方式、出售公營事業、公有財產所得來支應。若以發行公債方式去挹注政府消費支出，則不無父債子還之嫌，也會被視爲上一代的揮霍讓下一代來承擔，如此有欠公平，亦不合理。基本的原則是：如果賦稅收入無法支應政府消費支出，政府消費支出就不宜大事擴張；對於政府投資支出，讓下一代去分擔則有必要，因爲上一代爲其創造一個良好生存的環境、教育環境和工作環境，由下一代分擔是合理的，不然，下一代就無所事事了。

對國民生產毛額維持適當比例

關於政府支出在國民生產毛額中所佔之比例，就臺灣的發展情況而言，在未來十年之內，這個比例不宜低於二五％，亦卽政府消費支出不宜低於二〇％，而投資支出不宜低於五％。傳統的編列支出的方法是對既有項目作某一百分數的增加，這種方法已不符合現實的需要，而且已造成很大的浪費。對於經常性的支出，如人事費、固定資產的維護費等，不妨採行這種制度。同時應允許對新興項目支出的發生，對無實際需要的或漸失去重要性的項目支出，應採淘汰制度。所謂零基預算，就是針對這種現象而產生的制度，財政支出中，有許多項目應實施零基預算。

我們知道，過多的財政支出往往會造成人民過重的負擔，而不足的財政支出，又會影響社會經濟的發展。因此，要選擇一個適當的財政支出，建立一套財政支出的準則十分重要。爲此，對財政支出，固要作精心的長期規劃，更要作及時的短期調整。對於舊有的支出項目要定期檢討。以明其是否需要持續；對新興的支出項目，要評估其必要性。無論如何，應讓稅收的多少成爲調整消費支出的限制條件，讓公債的發行來彌補投資支出所需財源之不足。

（原載民國七十六年十一月二十日自立晚報）

政客與赤字預算

儘管美國仍然是世界上最富有的國家，但這個國家正爲兩種無法解決的赤字問題所困擾，一種是貿易赤字，一種是赤字預算。一九八六年，前者高達一千七百多億美元，後者亦高達二千多億美元。爲了解決貿易赤字問題，美國正採行貿易保護主義，一方面藉口「公平貿易」，要求貿易對手國大量開放進口，另方面迫使貿易對手國的貨幣對美金作大幅度的升值，以期能減少其對美國的輸出。至於其效果如何，迄無明顯的跡象顯示美國的貿易逆差已獲得改善。關於赤字預算問題，美國政客們卻將自己製成的政治枷鎖套在執政當局的脖子上，迄無被解脫的可能。

美國赤字預算益形嚴重

美國一向標榜民主政治，而且經常以自己的政治模式向開發中國家推銷，而一般開發中國家也多願以美國的政治模式作爲學習的範本。但是演變中的美國民主政治並非如一般人所想像的那樣理想，毫無瑕疵。近年來美國赤字預算的形成及其日趨嚴重，就是最好的說明。

在美國民意代表中，以國家的長期利益著想的政治家愈來愈少，以個人政治利益爲追求目標的政客卻愈來愈多，這種現象，每到議員選舉時，就會表現得淋漓盡致。政客們在競選時，總愛以兩種論調來博取選民的歡心，一種是儘量強調國民的稅負太重，應予減免。他們的說詞是：如果國民獲得減稅，就會增加可支配所得，用來購買消費財，激勵生產和投資，使不振的經濟得以活絡起來。根據經濟理論，可說言之成理。選民們對於這種主張無不歡迎與擁護。另一種論調則是強調政府應繼續擴大社會福利支出，對失業的人固應當救濟，對年老無依及無生產能力的人亦應協助其解決生活問題。這種論調自然會受到選民普遍的支持。可是，如果將這兩種論調放在一起考慮，難題就來了。因爲減稅和免稅的結果，政府的稅收就很難以增加；如果社會福利支出仍不斷的增加，赤字預算就必然產生。一般國民不會考慮這兩種論調聯在一起所產生的矛盾，但執政當局非認眞地去解決這個矛盾不可，因爲在議會政治下，這兩種論調是代表民意。肯負責任的執政當局，會想辦法抑制社會福利支出之增加，以求預算赤字之減少，這樣做一定會招致民怨，受輿論的指摘；不負責任的執政當局，就會順應這種要求，或用發行鈔票的方式來挹注，或用發行公債的方式來支應。至於鈔票發行過多會不會引發通貨膨脹，而公債不斷增加會不會使下一代在付息與還本時無力負擔，他們則不加理會。

減免稅負增加福利有其弊

今天，在很多制度方面，我們喜歡以美國馬首是瞻。就如近年來，各種民意代表選舉過程中，我們也經常聽到有人批評我們的稅負太重，應該減免；我們的社會福利支出太少，應該增加。但是很少聽到，如果稅收不增加，僅增加社會福利支出，所不足的部分，應用什麼方法去塡補？究其原因，在於我們視政府爲萬能的，且將政府應扮演的角色看錯了。

在民主社會，政府除保障國家安全，維護社會安寧外，主要是扮演重分配的角色，亦即通過賦稅體系，將民間的一部分所得徵收來，再通過公共支出的方式，將這些收入分配給社會大眾。政府能支出多少，就長期而言，應視它的稅收多少而定。因爲在長期，如果稅收不能支應政府的各種支出，就會產生赤字預算。在這種情況下，發行鈔票過多，大家就要承受惡性通貨膨脹所帶來的苦難；發行公債過多，下一代就會成爲債務的償付者。

在臺灣，近年來，政府的稅收已不能應付政府的支出，這是赤字預算發生的徵兆。因此，如何建立一個合理而有效的賦稅制度是件刻不容緩的事情。我們寄望行將成立的賦稅改革委員會能夠擬定出一套具有公平、合理特質的賦稅制度。值得注意的是，稅率過高，政府當局可以降低稅率；稅率結構不合理，政府當局也可加以調整；但是稅負不公平，卻不是政府單獨所能解決的問題，它需要社會大眾的配合。凡爲一國民，只要其收入達到納稅標準，就應納稅。此不僅要靠徵稅技巧，更要靠國民的納稅良知，而培植納稅良知需要從基礎教育著手。

採行西方制度須衡量背景

隨著經濟的發展，社會福利支出的增加是需要的，但是它一定要靠稅收來支應。因爲它是經常性的，也是漸增性的，故依靠發行鈔票或發行公債，均非所宜。公共設施支出可以靠發行公債來支應，一方面因爲它不是經常性的，也不是漸增性的，另方面因爲讓下一代享受美好的生活環境，而讓其負擔部分成本也是十分合理的。無論如何，要使預算制度健全，基本的原則，乃預算中經常支出須以賦稅來應付，預算中的資本支出，一方面靠政府的節餘，另方面靠發行公債來支應。

「他山之石可以攻錯」。當我們採擇西方制度時，必須先檢視其發展的背景及所需的條件。若不具備所需要的條件，就不應勉強地將其移植。對於西方社會所犯的錯誤，我們要儘量避免，不可盲目採行，以免蹈失敗的覆轍。尤其熱衷於民意代表的人們，爲了維護國家長期的利益，即使落選，也是光榮的事；爲個人政治利益作不負責任的主張，即使倖而膺選，也是國家的罪人。

（原載民國七十六年六月五日自立晚報）

從「爲老百姓看好荷包」談起

政府總預算審查，乃是立法部門對行政部門收支政策的評估與認定。審查結果適當，可使行政部門在有限資源的利用下，達成預定的使命；審查結果不適當，會使收支情況不相配合，行政部門就無法達成所訂的目標。因此，預算認定之前，必須作愼重的評價；有了愼重的評價，始能作出正確的認定。預算的評價需要專業知識，也需要豐富經驗。在西方民主政治有基礎的社會，這份工作通常委請專家來協助；在民主政治處於「學步」階段的社會，則靠民意代表的常識與判斷。在知識爆炸時代，憑常識難以成大事，靠判斷亦會見仁見智，得不到一致的看法。

審查預算五原則

「爲老百姓看好荷包」已成爲有權審查者的口頭禪。其實，這個口頭禪並不妥當。如果一個立法部門的責任僅是在「爲老百姓看好荷包」之前提下行事，這個政府一定難有作爲。

如果這是指肅清貪污，杜絕浪費，這又不是立法部門的責任，而是監察部門的責任。因此，審查行政部門的預算，應遵循一些原則。這些原則包括下列諸方面。

㈠從整體規劃著眼：對行政部門的總預算須作全盤性的考慮，不宜在枝節上做文章。最近二十年來，政府總預算之編製是建立在總供需估測的觀念上。總供需的估測是依據一個經濟計量模型。對於未來一年政府收支的估測，主要視經濟成長及通貨膨脹程度而定；而經濟成長之高低也與政府支出密切相關。如果政府支出達不到某一水準，整個經濟成長也會有問題；如果政府收入不足以應付支出，其對通貨膨脹影響的程度，要視採何種方式來挹注財政赤字而定。如果是以發行公債方式來支應，則對通貨膨脹的影響較小；如果是靠發行鈔票，則對通貨膨脹的影響就會很大。因此，要想刪減總預算，必須對總供需的關係有清楚的了解。否則，無論對經濟成長或通貨膨脹，都會產生不良的後果。

㈡從個別目標入手：政府的總支出是由各項支出構成的。每項支出之編列，不論是由上而下，或是由下而上，均有其一定的目標。應針對這個目標，審查其達成這個目標的可能性，為達成此目標所採措施之可行性，以及其達成目標後所產生的衝擊。例如為開拓外交關係所增加之支出。其目標就是開拓外交關係，首先要審度達成這個目標的可能性。然後考量為達成此目標所採取的措施，這些措施都是以數字來表示。要知道這些數字之適當與否，必須對執行措施所處之環境作深入的了解。更進一步要推測其達成目標後所產生之效果。

㈢正確了解行政單位之功能及其業務發展之趨向：政府是由各行政單位組合而成的。要審查某一行政單位之預算，必須對其功能及發展趨向有所了解。如果對該行政單位之功能及其發展趨向缺乏了解，則對其預算之任何删減，都會不利於這個行政單位的正常發展。有些行政單位，隨著經濟之發展，日趨重要，但也有些行政單位，卻因環境之變遷，愈來愈不重要。如果對前者之預算編列不予支持，對後者之預算編列不加限制，就會造成資源的浪費及政府功能的不彰。不過，要辨識一個行政單位的發展趨向，在事先必須做一番深入的觀察和仔細的研判。

㈣重視施政計畫的連續性，藉以考核其過去的成果：凡屬重要的、具規模的施政計畫，均非在一個會計年度內就可完成的，往往需要三年或五年才能竟其功。對於這種計畫的預算，必須從開始就審查其整個預算；如果整個預算被通過，嗣後對每年的預算就不必再重審、再通過。所重視的是對該計畫進度的評估。在過去，有不少行政單位，爲使預算容易過關，往往將整個預算低估，然後再追加。這種做法完全失去評估的意義。其結果是預算不能控制，且往往造成資源上的浪費。

㈤重視新增預算的前瞻性，勿以慣例來抑制：多年來，對預算審查就有一種慣例，凡既有項目的預算，多能隨經濟成長，而作某一百分數的增加，從不愼重考慮這種做法是否合理；對於新增項目的預算，多遭到刪除。這種作法適合靜態社會，但不適合動態社會；適合農業社會，但不適合工業社會。對於新增項目預算的評估，必須以專業知識，前瞻性的眼光，來評估其需要性。如果僅憑傳統的想法來評估，就會不利社會的進步，也會使一個社會付出很高的代價去彌補無知的決定所產生的損失。

避免下列現象發生

對政府總預算的審查，並不是件輕鬆的工作。一位民意代表在審查總預算時，固應考慮到上述的幾種原則，更應避免下列幾種現象的發生：

㈠爲個別利益團體護航：現代的民主政治已逐漸演變成利益團體協議的政治。但是，個別利益團體的利益不能有害於整個社會的利益。作爲一個政治家，絕不能僅考慮個別利益團體的利益而忽視社會的整體利益。

㈡以私害公：對於個人間的恩怨，不應以刪減預算的方式來報復。譬如說，對某一行政單位的主管不滿意，然後就在立法院，以杯葛預算的方式，迫使其道歉。這種行爲絕非是民主政治應有的行爲。

㈢以氣凌人：無論是行政單位的首長或民意代表，雖職權不同，但政治地位是一樣的。應講求說理，而不是以氣凌人。對行政單位的首長可以質詢，但行政單位的首長也可以答辯。彼此尊重方是民主的基本精神。

㈣問錯對象：對於政策層面的問題，應質詢行政單位的首長，對於技術層面的問題，應由有關主管來說明。多年來，我們的習慣是：也要求行政首長回答技術層面的問題。這是值得考慮的問題。

㈤對不懂的業務濫質詢：從立法院的質詢，可以判知一位民意代表是否有學問，有修養，有政治家風度。同時，也可以顯示一位行政單位的首長是否頭腦清楚，說理有層次，應變有機智。作爲一位民意代表對不懂的業務不應隨便質詢，以免留作他人的笑柄。

問政前應廣蒐民意

就目前民主政治的表現水準而言，可說我們的民主政治正處於學步階段。無論是行使政權的人或行使治權的人，都需要充實民主素養，學習民主精神。審查政府總預算是民主政治運作中最重要的一環。由於審查總預算需要些專業知識，立法院應好好將助理制度建立起來。西方國家所採行的聽證會也是補短的一種方式，故應邀請眞正的專家到立法院報告他們的研究心得，並將其報告列為立法院的紀錄。無論如何，虛心的請教，深入地了解眞相，是問政的必要準備工作。

（原載民國七十八年三月四日經濟日報）

高普考制度與公務員素質

我們已察覺到要推行任何改革，通常在公務員的中下階層遭受到較大的阻力，他們經常以二、三十年前的目光看今日的大千世界，也經常以二、三十年前的價值尺度去衡量今日社會上所發生的各種現象。因此，他們所提出的對策往往使問題更加複雜。

儘管我們有設計縝密的人力規劃，但是對公務員供需條件的規劃迄今尚付諸闕如；儘管我們有歷史悠久的高普考制度，但是很少有人考慮到公務員素質隨教育發展而提升的問題。高普考制度是科舉制度的延續，已在中國推行逾五十多年，是否有人曾考慮過這種制度在選拔政府所需人力上仍够適當？在國民教育水準普遍提升，而知識爆炸又是時代特徵的情況下，現有公務員所具備的條件是否能處理所面臨的各種複雜的社會、經濟和政治問題？這就是本文所要探討的主題。

教育水準大幅提高

首先看看當前一般國民的教育水準。無論從統計數字或個人觀察，均可發現大專程度的人已不是稀罕的人才，而中學程度的人更是到處可見。三十五年以前，在臺灣，六歲以上的人口中，每百人中只有一・四人曾受高等教育，八・八人曾受中等教育；現在每百人中有九人曾受高等教育，四十二人曾受中等教育。在中國大陸，四十年前，受過高等教育的人固少如鳳毛麟角，即使受過中等教育的人也為數有限。在那種情況，要使一般公務員均具備大專畢業的程度，簡直像狀元一樣的難求，因此一般公務員多是中等教育程度的人。我們的高普考制度原是在這種社會背景之下建立的，因此，在當時，即一個大學畢業生，高考及格後，經短期訓練，便可擔任縣長一職，成為一縣之保母。其實，在那個時代，各省的縣長中，具高考資格的人已屬最佳的條件；有些縣長是草莽出身，連中等教育的程度都談不上。所以要求參加高考的人具大學畢業，乃是很適當的條件。至於普考，高中程度的人即可參加，甚至有些未受完整教育，經檢定考試及格而參加者，亦不在少數。由於在那個時代，絕大多數的老百姓未受基本教育，甚至連自己名字也寫不出，對公務員資格的要求無法提高是很自然的事。

公務人員宜見多識廣

臺灣經過三十多年的快速發展，一般人民固然變得富有，而教育水準更是普遍而大幅度的提高，引車賣漿之流也多受完中等教育，而計程車駕駛中具大學資格的人也不在少數。因此，他們所聞、所見、所知往往會超過那些不知進取的公務員。在過去，政府官員滿足老百姓的要求比較容易，現在要想滿足老百姓的要求卻十分困難。試想想那些不法之徒，其智慧之高，手段之巧，反應之快，往往使治安人員窮於應付。尤其今日的臺灣已處在一個變化萬千的國際舞臺上，東西文化交流之頻繁，中外關係發展之廣泛，在在需要知識高、見聞廣的公務員來肆應。但是檢討高普考制度所提供的公務人員素質卻沒有多大變化，該制度本身更沒有隨著時代的變遷，一般國民知識水準之提高，加以調整與改變。這也是今日政府公信力不受重視，公務員權威受到挑戰的一個重要原因。

出國考察改進觀念

爲了適應這個時代的演進，高普考制度亟需加以檢討與改進。就高普考資格而言，應提高爲具碩士學位的人可報考高考，具大專程度的人可報考普考。對於那些不具大專資格的人可以空大資格，經普考核定及格後，再報考普考。對於公務員之升遷，宜仿照國軍軍官升級一樣，要經過一年的再教育，始可升達某一階級，如此可讓他們有充分的時間接受新的知識，學習新的事務。同時，在政府財力許可的情況下，應有計畫地讓升級的公務員到國外參觀與考察。這對學習外國人的長處，改變自己落伍的作風和不切時宜的觀念會有幫助。利用適當的機會，增加公務員的歷練，拓展公務員的心胸，是革新與進步的最重要力量。

值得重視的，僅憑高普考制度作爲產生公務員的條件已無法符合一個現代化政府的要求，因爲在這種制度之下只能吸收到具一般教育程度的人來任公務員，對於吸收資格高或有專長的人，卻無能爲力。一般具博士學位或有成就的專家是無法以高普考的方式來選擇的。爲維持行之已久的高普考制度，同時又不會遺漏具專業能力的人爲政府效勞，選拔公務員應有兩種體系：一種是行政體系，卽沿循高普考制度來羅致人才；一種是專業體系，靠專業著作或發明或傑出表現的鑑定來羅致。前者可以提升到行政主管，後者不可以提升到行政主管，但其專業待遇要提高到足以吸收到人才的水準。

提高待遇吸收專才

時代在變，社會環境也在變，爲了肆應益趨複雜的社會變遷，公務員的資格必須加以提升。我們已察覺到要推行任何改革，通常在公務員的中下階層遭受到較大的阻力，他們經常以二、三十年前的目光看今日的大千世界，也經常以二、三十年前的價値尺度去衡量今日社會上所發生各種現象。因此，他們所提出的對策往往使問題更加複雜。爲此之故，高普考制度應當加以檢討改進，方能產生符合現代化政府所需要的公務員。

（原載民國七十六年八月二十八日自立晚報）

第五部　房地產問題解決之道

對標售公有市地之商榷

自民國七十六年入春以來，臺灣省各大都市的地價平均上漲了百分之七十多。這種猛烈性的地價上漲，馬上使人聯想到有關當局在今春所標售的兩筆臺北市的公地：一筆公地位於南京東路三段，每坪標售價格高達新臺幣九十萬二千元，另筆公地位於中華路一段，每坪標售價格更高達新臺幣一百三十萬元。由於這兩筆市地的標售價格太高，有人認爲它是造成整個臺北市地價暴升的導火線，正如民國六十九年，都市地價亦曾大幅度上漲，有人指爲是由於有關當局高價標售民生東路的市地所致一樣。

高價標售缺乏遠慮

有關當局高價標售公有市地是否確爲兩次地價暴漲的導火線？這個問題本身並不重要。惟值得重視的，乃這種行爲會產生些什麼後果？從財政的觀點，標售市地獲得的收入可充裕國庫，有助於解決財政困難問題。持這種論點的人，顯然是短期看法，一方面公有土地畢竟有限，不能繼續用此方式解決政府的財政困難；另方面，現以高價標售而沾沾自喜，將來需要時，也會因無力以高價收購而坐困愁城。今天臺灣的都市土地，可說是寸土寸金，尤其對於一個正在發展中的都會區而言，政府會需要很多土地，來完成政府所應達成的使命。譬如興建國民住宅，讓低所得階層有屋可住，它就需要低價的土地，否則國民住宅的價格就會很高，低所得階層就會無力購置；爲應年幼人口的大量增加，政府會需要土地增設托兒所、幼稚園、國民小學及國民中學。爲提高市民的生活素質，政府也需要土地，興建郵局、衛生所、文化中心、圖書館等；爲淨化都市環境，政府更需要土地用來開闢公園、綠地、運動場；如果政府不握有一些土地，當這些需要變爲迫切時，政府必須向民間收購所需的土地，如果民間拒絕出售，或者以高價標售，政府便無法解決土地取得問題，而所需要的公共設施就會付諸闕如。

扭曲財富分配現象

從經濟觀點，都市土地都有公告地價，而公告地價是政府課稅的依據。當公有市地價格被大幅提高之後，民間地價勢必也跟著大幅度上漲。地價大幅上漲的結果，就會對財富分配產生扭曲現象。在此情況，凡擁有土地的人都會比過去付更多的地價稅。對於低所得階層而言，即使其土地並未發生交易，而其收入亦未有顯著增加，他們也必須承擔較前更重的稅。這與「住者有其屋」的民生主義政策便會背道而馳。

市地標售價格暴漲，對標售當局而言，是得到了巨額的收入；對提高標售價格的人而言，則是達成了謀取暴利的目的。在一個正在發展中的都市，有些自己擁有很多市地的資本主，往往利用某些有利的情況，藉用標售的機會，把地價擡高後加以購取。就這筆藉標售而得的土地而言，無論如何利用，都難以收回本錢，但是當他將其他土地的價格也擡高之後，他從其他土地增值所得到的利益，不僅可以彌補因高價收購所遭受的損失，而且還有厚利可獲。我們瞭解到，私人藉高價標售得到土地的行爲並不違法，但它對社會所造成的後遺症就會非常嚴重。

四種處置公地方法

對公有市地如何處理方爲妥當？這是一個值得探討的問題。如任有關當局隨意標售，我們相信數年之後，臺北市的土地問題就會像今天東京的土地問題一樣嚴重。爲免蹈日本人的覆轍，對於處理公有土地，可考慮下列的幾種方式：(1)將公有市地閒置，僅種植些樹木或花草。如此，一方面可使都市有較大的空間，另方面，在將來需要時，也易於利用。⑵將公有土地變爲停車場或攤販集中地，由政府租給私人使用，在將來利用時也比較方便。⑶由政府興建房屋，然後租給私人使用。⑷將土地租予私人使用，以五十年或一百年爲租期，期滿後，連地上建築物一併歸還原地主。這四種方式不僅不會帶動地價之上漲，反而有抑制地價上漲之效果。更重要的，一旦政府需要一塊土地作特種用途時，取得土地較容易，而且也不要付出高的代價，就會達成目的。當一個都市發展到某種程度時，最先發展的地區往往會變成舊市區，而舊市區容易成爲落後、色情、髒亂的淵藪。對於舊市區，應隨環境的變遷加以更新，但如屬私有，政府也無能爲力。

及早籌謀可杜隱憂

未來臺灣經濟的發展將有一個很明顯的事實，即將有三分之二的全省人口將集中在由基隆到高雄這條線上。臺北市、新竹市、臺中市、嘉義市、臺南市和高雄市的人口會愈來愈多。無論居住環境、工作環境、休閒環境都會愈來愈擠，也會愈來愈使人喘不過氣來。過擠的人文環境與犯罪率的提高往往有密切關係。有遠見的政府決策階層，對這個問題，應冷靜的加以思考。我們要確定未來的都市究竟是什麼樣的都市？像東京？還是像日內瓦？古有名訓：「亡羊補牢，猶爲未晚」。現在仍有時間讓我們重新規劃，徹底改變那種只重短期利益不重長期發展的落伍作風。

（原載民國七十七年元月二十二日自立晚報）

解決公教住宅的有效途徑

臺灣的土地改革只成功了一半，那就是農地改革，至於另一半，卽市地改革卻是一片空白。由於市地有限，而人口密度又高，在市地供需極不均衡的情況下，隨著經濟的高度發展，都市房地產很容易成爲投機的主要對象。最近三年，臺灣房地產價格平均上漲了三倍多。就臺北市而言，有的地段上漲幅度竟高達十倍，多數地段至少上漲了二倍。這種房地產價格狂飆的現象，在中國史上罕見，在世界史上也乏先例。社會上有識之士不能不重視這個問題及其可能產生的後遺症。

房地產狂飆中國史罕見

在目前房地產的價位之下，未擁有房產的一般中產階層只有望屋興嘆。以一位大學教授而言，每年的薪水約在新臺幣五十多萬元，如果全部薪水分文不花，以現值計算，也要累積二十年，始能在臺北市買到三十坪大的房子。大學教授被稱爲是中產階層，他們的經濟能力多在一般社會大眾之上，憑一生之辛勤，竟買不起一幢三十坪大的屋子，對高度經濟發展的臺灣，誠爲一大諷刺。一般公務人員的薪水界於二萬元到四萬元之間，每坪都市房屋的價格高達三、四十萬元，除非二、三年前已擁有房屋，今後休想買得起一幢可容身的樓房。這不僅是一個財富分配不均的社會現象，也是一個嚴重的經濟問題。執政當局如拿不出有效的解決之道，要想得到中、下所得階層的支持，恐成問題。

問題既然發生了，如果仍以傳統的方式去解決，其效果會十分有限。例如由公營銀行貸款給那些第一次購屋的人。試想有多少公教人員憑其儲蓄連同貸款，能買得起價值八、九百萬元的房子，同時還能付得起年息百分之十一的貸款。過去所採行的對公教人員配售房屋的方式也只能紓一時之困，解決了少數人的居住問題，對以後新增的公教人員及時下尚無屋可住的公教人員則無濟於事。因爲公教住宅經配售之後，很多人固供作自己居住，但有少數人或因已有房屋，或因移民在外，當房屋到手之後，會很快地以高價脫手，從而賺取巨額的差價。轉手購屋的人不一定也是公教人員，當他們取得產權後，會作各種用途，致在公教住宅區內出現了三溫暖、MTV、休閒中心、按摩院、理髮廳、賭場、餐館和商店。原純爲公教人員的住宅區，會在很短的時間內，變成三教九流、各路人馬的聚匯之地。住宅環境很快地被污染，社區安全也亮起紅燈。

公有市地不應該再出售

最重要的，原無機會獲配公教住宅的人員以及新進的公教人員，除非政府仍有大量的土地，得以繼續興建公教住宅，難再有機會獲配公教住宅。這就是說，爲先來的人解決了住宅問題，但未爲後來的人留下任何機會；或者說，解決了今天的住宅問題，卻解決不了明天的住宅問題。同時在這種制度之下，房地產價格狂飆不限於一般社會大眾的房屋，公教人員的房屋也包括在內。

國宅土地所有權歸政府

今天，臺灣的房地產問題已變成一個爲社會大眾所矚目的問題。事情儘管如此，並非無亡羊補牢之途。解決公教住宅的問題，原則上，政府當局須掌握公有市地，對於公有市地不應再予以出售。政府部門即可利用這些市地，興建公教住宅。惟市地所有權屬於政府，而非個人；個人所付的代價應限於造房所花的費用。對於公教住宅，必須限定其用途，即只能供公教人員居住之用，不能作任何商業活動。同時政府應成立一專責機構，負責公教住宅之買賣事務。任何住戶想出售其住宅，只能出售給這個專責機構，而這個專責機構須按合理的價格（例如參考附近房屋售價）收購；任何新來的公教人員要想購買住宅，亦需透過此一專責機構，而這個機構亦以合理的價格出售。這種處理公教住宅的方式有下列四點優點：⑴因房地產並不隨土地市價狂飆，宅的上漲幅度會有限，一般公教人員多有能力購買此類公教住宅；⑵公教住宅區住戶成分單純，環境會安靜些，而治安情況也會較好些；⑶即使今後不再興建公教住宅，後來的公教人員仍會有機會購買公教住宅。⑷因爲公教人員薪金較工商界爲低，獲配此種公教住宅也是一種福利的增加。不過，這種方式也有其缺點，即公教住宅只能作住宅用，不能供商業用途之用。同時，居住人無法出售公教住宅獲得土地增值所產生之厚利。

其實，這種解決公教住宅問題的方式也可應用到一般國民住宅。以目前的房地產價格而言，除非出售舊屋購買新屋，中、下所得階層均買不起三十坪大的國民住宅，凡能付得起價錢的，必須靠其他來源，諸如買賣股票，六合彩中彩，投資老鼠會，甚至貪污、枉法等。如果在市區內的所有公有空地（包括公營事業擁有之土地）百分之八十可用來建造國民住宅，土地所有權歸政府，政府所出售的僅是房屋，則此種房屋的價格就不會飛漲起來，因爲它的買賣直接對象不是私人而是政府；政府有力維持一合理的價格。

大家都知道東京的房地產價格是世界上最高的地方，一般中級公教人員多無力在東京區擁有二十坪大的房子，不得已住到遠離東京市區的地方，每日需費三、四小時的時間上下班。日本的所得雖高，居住品質卻奇差。如果經濟發展的終極目的，乃是居住空間愈來愈小，生活素質愈來愈差，那就失去經濟發展的意義。雖然日本經濟發展經驗值得學習的地方很多，但其居住環境之愈來愈差，倒值得我們儘量加以避免。無庸諱言，最近二、三年來臺灣房地產價格之狂飆，似乎是東京案例的亦步亦趨。

住者有屋住不應爲夢想

「耕者有其田」是農地改革成功最重要的條件；「住者有屋住」雖非市地改革之最後目標，但使一般中、下所得階層中，要想擁有房屋的人，均有能力買得起必需的屋住空間，應是政府協助達成的重要社會建設工作。

（原載民國七十八年七月十日工商時報）

房地產價格飆漲問題解決之道

經過四十年全國上下的胼手胝足，刻苦努力，臺灣不但創造了爲世界各國羨慕的鉅額外匯資產，而且將一塊瘠薄的土地變成了黃金與鑽石。凡擁有土地的人，即使無一技之長，對這個社會無任何貢獻，近年來無不變成億萬富翁，有能力盡情揮霍。可是，那些爲這塊土地流血流汗的人，要想在都市購一戶三十坪大的房子，需要三代的工作時間與積蓄，才有可能。換言之，臺灣經濟高速成長的結果，一方面創造了很多不勞而獲的豪富階層，另一方面也使那些勞苦一生、買不起住宅的人陷於貧困之境。這種明顯的對比是經濟發展的病態。如果有關當局不重視它的嚴重性而疏於積極解決，它就會成爲社會的最大不公平。一個長期處於不公平的社會，是個危機四伏的社會。

房地產價格飆漲所產生的問題

最近三年來，臺灣房地產價格之飆漲程度固打破中國的歷史紀錄，在世界史上也絕無僅有。三年前價值新臺幣二十萬元一坪的市地現在變爲二百多萬元，每一建坪十萬元的房子現在漲到四十萬元。這種飆漲的現象對經濟發展產生了下列的不利條件：

㈠使工廠用地的費用大增。現在臺灣的工廠用地，其單位面積的價錢固高於美國，也高於東亞的新興工業化國家，卽面積狹小的新加坡，其工廠用地也比臺灣便宜。這一成本增加不利於新投資的增加，會使投資者望而卻步，甚至到國外另覓土地。

㈡由於房地產價格暴漲，都市的商業地區之租金已漲到每一建坪月租四千元至五千元。在這種地區，無論經營百貨店或開餐館，其利潤難以抵銷租金之負擔。在這種情況下，祇有開設證券公司或特種營業，如酒家、色情、賭博場所，方能生存。

㈢助長年輕一代的搶刼之風。年輕一代會體認到：卽使加倍工作，一生所得也買不起一戶可容家人的房屋，但擁有較多房地產的人可過著養尊處優的生活。這對年輕人是種刺激，有不少人鋌而走險，希望一夜致富。

㈣最重要的，乃造成所得的分配不均。迄未擁有房地產者，在這種高價位的情況下，會陷於「貧無立錐」之地的境界。這些不利於經濟發展的條件，會使社會繁榮的景象成爲曇花一現。

有效解決問題之道

問題既已存在，如何有效解決這個問題，則是當務之急。就我們所了解的，解決的方法有：

㈠低利融資，減輕購置者之負擔：這原是個好方法，但在目前情況下，一戶不過三十坪的房屋要賣一千萬元，即使無息貸款，一般無屋者也買不起。祇有用小房換大房、用舊屋換新屋的人，可用此種方法達到目的，但他們已擁有自己的房屋，非迫切解決住屋問題的對象。故，這種方法之用意雖善，但仍解決不了無屋者的居住問題。

㈡增建國民住宅，以低價供應：這是解決問題的可行之道。增加房屋供給，滿足需求，可抑制房價之上漲，同時因低價出售，可使中、低所得階層有能力購買。但是有些問題須妥善解決：

⑴土地取得問題：在都市區內，清查所有公地，究有多少可利用。如果都市內的土地供應不足，可在都市近郊覓地。如果都市近郊的土地屬農地，則農地用途必先變更，始可收購。為使都市人口樂意外移，捷運系統必須規劃與建立。

⑵房價之制定：就目前的國民所得水準來衡量，如每坪房屋十萬元以下，則一戶二十五

坪至三十坪的房子，在分期付款的情況下，可使很多中、低所得階層的人有能力去購置。

⑶國宅的高度及結構：由於土地價值高，國宅宜高建，像新加坡、香港一樣，藉以降低每坪價格。同時，國宅中每戶的面積要分很多種，以滿足使用者的需要。

⑷國宅之買賣：政府應設一機構，專司國宅之管理與買賣工作。凡購得國宅者，在出售時，必須賣給國宅管理機構，該機構須以合理但非市價購取；凡想購買國宅者，也要向國宅管理機構申購。如此，可維持國宅價格之穩定，並可消除投機現象。

應有的配合措施

為消除房地產價格之飆漲，政府須有些配合措施，才能使問題獲得有效的解決：

㈠所有公地一律限制出售給民間，如為利用方便，可以交換。

㈡修改法規，使市郊農地變為建築用地。對於增值部分，不應全部歸於地主所有，應將一部份歸一鄉或一縣的農民所共享，用以提高該鄉或該縣農民的所得水準。

㈢儘速規劃由市區至近郊的捷運系統，以縮短兩地之交通時間。

㈣凡一年之內買賣房地產者，課以較高之土地增值稅，藉以抑制投機風氣。

㈤有效管理房地產仲介公司：近年來房地產價格飆漲與仲介公司之區域性獨佔及聯合壟

斷有密切關係。政府應儘速制定仲介公司管理法規，限制仲介公司之佣金不得超出房地產出售總值的某一百分數，對違法者，要重罰。

結語與建議

臺灣的都市區多爲地狹人稠的地方。在這種地方，房屋建築不能像美國一樣，作平面發展，應當像香港、新加坡一樣，向立體發展。增加房屋供應固是解決房價狂飆的根本之道，但政府當局必須採取些配合措施，使房屋之供應能符合需要者的需要。因此，要運用政府力量，有效地利用有限土地，有計畫地興建國民住宅，建立捷運系統，嚴格管理仲介公司，祇有多管齊下，才能解決房地產價格飆漲問題。

（原載民國七十八年十月十日「經濟前瞻」季刊）

該是認眞檢討市地政策的時候

近年來，房地產價格之暴漲現象不僅正摧毀我們經濟成長的力量，更惡化我們經濟發展成果的分配。它既不利於工業成長，也不利於經濟發展，更不利於所得的合理分配。對於這一現象，如不及時認眞檢討，並決心改進我們的市地政策，則四十年全國上下，胼手胝足、辛勤努力所得來的成果將付諸東流。

一、房地產價格暴漲的原因

理論上，房地產價格之漲幅應與一國經濟成長保持某種比例關係。在土地供給受限制的情況下，高速的經濟成長，必會帶來房地產價格的上漲。在低所得的國家，要使房地產價格大幅上漲，乃是件不可能的事。如果經濟處於嚴重蕭條，房地產價格也不會上漲。最近三年，臺灣的都市，北起基隆、南到高雄，房地產價格，少則上漲二倍，多則上漲五倍。此次房地產價格暴漲不是由於建築費的上漲，而是由於土地價格的暴漲。在此期間，很多都市的土地價格不是上漲了十倍之多，就是至少上漲了四倍。究其原因，並不單純，主要的爲⑴建築用地稀少，擴張大受限制；⑵房地產仲介公司從事地域性的獨佔，故意擡高價格；⑶游資充斥情況下，一般對通貨膨脹的預期心理太強，便購置房地產；⑷股價狂飈，獲暴利者有效需求增高；以及⑸房地產需求處於循環階段中的復甦期。這些影響房地產價格的因素相互激盪，難以分解。其實，最重要的原因，乃是我們缺乏一套合理的市地政策。

二、房地產價格暴漲所衍生的問題

房地產價格連續暴漲之後，確實產生了不少社會與經濟問題。而這些問題之未獲解決，不僅會使經濟成長率下降，也令所得分配趨於不均。這與我們推動經濟發展的兩大目標——成長與分配背道而馳。無論政府或社會人士不能不加注意。房地產價格暴漲所引發的問題爲：

㈠工業用地難求：由於都市土地價格暴漲，工業用地的價格也跟著暴升。爲了建廠，需有土地，無論購地或租地，人們較過去必須付出更高的代價。到今爲止，臺灣土地的價格比東南亞各國爲高，也比美、加爲高。當投資者考慮設廠時，工資原是考慮的重要因素，現在地價或地租也成爲一個重要因素。高的地價或地租對投資意願有極不利的影響。

㈡觀光事業難以發展：近年來，由於新臺幣對美金的大幅度升値，臺灣觀光旅館的租金已比歐美爲高，僅次於日本，已對旅遊業之發展不利。現在房地產價格暴漲必然移轉到旅館的租金上面，致使旅館的費用更加提高。一般觀光客多是精打細算的人，除非臺灣的景觀在世界上是絕無僅有，一般旅客都會望而卻步。

㈢正常服務業不易經營：凡商業繁華的街道，房地產價格漲幅亦較大，而房租亦跟著提升。諸如百貨公司、餐飲業、銀行、企業門市部、文化事業等均難以在這種地區存在，剩下的，能夠維持生存的祇有特種營業，如酒家、舞廳、色情站，還有證券公司。

㈣未擁有房地產的中產階層都變爲低所得階層：就目前的情況而言，一位教授的薪水全部儲蓄起來，也要費三輩子的時間，才能在市區購買一棟三十多坪的房屋居住。三年以前，只需十多年的儲蓄卽可購買三十多坪的房屋。貧富差距竟變得如此之大，又如此之快，令人咋舌。這說明房地產價格暴漲後，有房地產者成巨富，無房地產者成赤貧。

㈤都市繁華地區將趨沒落：房地產價格暴漲向以繁華地區爲劇烈。由於新增成本太大，一般商店便無法在這種地區存在，祇有移向郊外，從而使原本繁華的地區漸漸變爲凋零的地區。

㈥政府的預算要加倍：為了收購民間土地，與建道路，或公共設施，因房地產價格之暴升，勢必增加政府的預算。為了不使預算變為赤字，必須加重稅負，或發行公債，或發行通貨。發行公債，最後的負擔要落在下一代的身上；發行通貨，必會造成通貨膨脹，提高所得稅率，又會使薪資階層的稅負加重。

這些不良的後果，對經濟發展會有不利的影響。其實，房地產價格之暴漲才是使人民財富分配更加不均的主因。一般人辛苦一生，卻買不到十坪左右的房子。擁有土地的人不需勞動。卽可成為巨富。這一現象對青少年也產生了「反彈」作用。於是犯罪率節節上升，而犯罪的構成中，青少年佔最大的比例，因為他們受到「不勞而獲」的感染，便鋌而走險，向法律挑戰，使社會變成人人自危的環境。

三、對市地政策的建議

為了解決房地產價格暴漲問題，對市地應有合時且合理的政策。個人的建議：(1)市地漲價歸公政策之妥善擬定與徹底執行：不妨依存款利息作為計算房地產增值的數額。如出售價值超出原購成本與增值之和，則課以較高之累進稅率；如未超過，則課以較低之比例稅率。(2)市郊農地變更為建築用地時，政府有優先購買權，對其漲價部份，應課以較高之累進稅率。(3)所有公地（包括公營事業所擁有之土地）不得出售給民間，但可租給民間使用。(4)由政府建造之國民住宅，應以較低之價格出售，但住戶將其出售時，必須售給政府；政府則以合理之價格將其取得，然後再以合理的價格售予需要住宅的民眾。(5)規範房地產仲介公司使其成爲買方與賣方忠實的橋樑。(6)建立民間出租房屋的會計制度，對租金所得課以較低的稅率，並允許於每年交所得稅時，扣除其維持費及設備費。

四、應進行市地改革

三十七年前，政府推行土地政策，曾獲得巨大的成就，但當時的土地政策僅限於農地。至於市地，政府迄未採取任何有效的政策，致有近三年來房地產價格飆漲的現象，現在市地問題已成爲一嚴重的社會問題，執政當局應拿出魄力，審慎規劃，進行市地政策。

（原載民國七十九年一月八日工商時報）

第六部　對勞工運動的省思

勞基法中的核心問題：退休金給付與工資水準之決定

勞動基準法（簡稱勞基法）實施不到一年，就產生了許多困擾性的問題。也就是說，勞基法中的某些規定有窒礙難行之處。這些困擾性問題之所以發生，主要起因於勞基法在立法之前，未經過詳細的研究和縝密的考慮。儘管先後討論了十多年，但大家的討論無不限於直覺與常識。既然當初對勞基法的考慮不够周詳，致產生了許多問題，現在政府當局就應針對所產生的問題，對勞基法作適當的修正，俾所產生的問題能獲得圓滿的解決。這種作法是民主社會的正常現象，有關當局不宜把政府的尊嚴扯在一起。

勞基法中，最爲資方和勞方所關心的問題，就是退休金的給付問題，它包括㈠給付的範圍是否應包括勞基法實施前的工作年資，㈡勞基法實施後退休金提撥率的決定和提撥的方式是否合理而適當。前者牽涉到資方的負擔能力，後者關係到勞方權益的多寡及其保障問題。事實上，這個問題的重心就在於工資水準的認知和對風險分擔的重視。

勞基法實施之前，臺灣的工資水準可分三種：第一種是最低工資水準，這是政府訂定的一種工資水準，完全是爲了提撥勞工保險費的計算基準之用，並不是資方付給勞方的全部勞務報酬。第二種是一般工資水準，即以一週或一個月爲期，勞方就規定工時所領到的工資。這一工資水準較最低工資水準爲高，而且各行業都不相同。有的行業因屬技術性，其工資水準就高些；有些行業因無技術性，其工資水準就低些。在勞工的心目中，這種工資水準對他們最重要，因爲這是他們定期接到的勞務報酬。第三種是實際工資水準，這是勞方在一年之內所接到的整個勞務報酬，它包括一般工資，勞工保險中資方所撥付的部份，年節慰勞金、年底分紅、工資獎金以及各種福利待遇。慰勞金、分紅之多寡主要視在一年之內，資方是否賺到較多的利潤而定。如果生意清淡，可能無分紅可言。資方提供的福利待遇主要是爲了改善工作環境，提高生產效率，或是爲了減少勞工的流動率。對這方面的支出，行業間亦不相同。

現在的問題是：勞方的退休金給付應否包括勞基法實施前的工作年資？對於這個爭論性的問題，有兩個針鋒相對的看法，各有其理論上的依據。第一種看法是：在勞基法實施之前，退休金已包含在實際工資之內。所謂實際工資，也就是資方所能負擔的勞動成本。勞方接受這一水準的工資之後，年老退休金由其個人安排。有的勞工考慮到未來，會將部分工資儲存起來，作退休金之用；有的勞工則不考慮未來，賺多少就花多少。退休之後，除非繼續工作，便無任何收入。照這種看法，勞基法實施後，資方對退休勞工所提撥的退休金不應包含勞基法實施前的工作年資。如果大家有此共同的認識，即退休金給付祇限於勞基法實施之後的工作年資，這個問題就十分單純。但是，第二種看法卻認爲在勞基法實施之前勞方所領取的實際工資只是實得工資的一部份，資方還需付給當時勞工應得而未得的部份，作爲退休金。所以勞基法實施後的退休金給付應追溯到既往。

這兩種看法的依據和產生的後果完全不同。在第一種看法之下，資方所能負擔的勞動成本就是實際工資，對於勞基法實施之前的工作年資不應計入；對於勞基法實施後所能提撥的退休金只是實際工資的一部分。在第二種看法之下，資方不僅要負擔勞基法實施後的退休金也要負擔勞基法實施前的退休金。若站在「利潤是對勞工的剝削」的觀點，第二種看法無可厚非；若站在「利潤是企業家冒風險的報酬」的觀點，第二種看法就大有問題。

事實上，這個問題並非那樣複雜。勞基法實施前的工資是否計入，應看看這個廠商在勞基法實施前曾否採行過退休制度，譬如，在勞基法實施前，曾予退休的勞工以某些報酬，作爲退休之用，或有約定，若勞工在辦理退休時，廠商要付給勞工若干報酬。像這種情況，即令勞基法不溯既往，也應沿用以往的方式，繼續辦理退休給付。如果這個廠商從未採行過退休金制度，就不宜計算勞基法實施前的工作年資。最值得重視的，乃從資方的立場，退休金的提撥雖是必要的，但應考慮到他們的負擔能力。如果資方的負擔能力被忽視，很可能產生下列後果：一是有資本的人不直接投資，他寧選擇以賺取利息的方式代替利潤；二是繼續從事投資，但今後會以儘量降低實際工資的方式求彌補；三是中小企業關閉率提高，而開業率也提高，用以逃避對退休金的負擔。這三種後果都不利於勞工，尤其在第一種和第三種的情況下，勞工的退休金都會變成「畫餅充饑」。

至於勞基法實施後的退休金提撥和提撥方式，均值得重新檢討，前者牽涉到工資水準的認定，後者關係到勞工權益的保障問題。對於從未採行退休制度的廠商而言，如果承認以往實際工資就是資方所能負擔的工資，那麼要想有較大的提撥率，今後勞工的工資一般水準必會低於以往的一般工資水準，也就是說，勞方所接到的一般工資要較以往為低。假如勞基法實施前一個勞工的實際工資平均每月為一〇、〇〇〇元，勞基法實施後，假定保險提撥率為百分之五，即五〇〇元，退休金提撥率為百分之八，即八〇〇元，這個勞工每月所領到的一般工資僅為八、七〇〇元。除此，不再有分紅、獎金等待遇。在過去這個勞工每月所領到的一般工資會高於八、七〇〇元，因為資方無退休金提撥之負擔。同時，更值得注意的，乃勞基法中所規定的提撥方式對勞方十分不利。一個工人必須在一個廠商連續工作十五年以上，在退休時才能得到所提撥的退休金；若工作年資短於這個年限，他就一無所獲。除此，無論何種廠商，有興隆之時，也有衰敗之日，一旦公司倒閉，勞工辛苦一生的退休金給付便會付諸東流。何況今後國內外經濟情勢瞬息萬變，競爭激烈，優勝劣敗，更加明顯。誰都無法預知那個廠商會長久不倒。爲保障勞工這份權益，宜定期（譬如勞工工作滿一個月）將勞工退休給付的部份提出來交由一個政府機構營運，這樣可避免廠商倒閉所帶來的不良影響。

俗語說，「羊毛出在羊身上」。一般工資、退休金給付和勞保提撥的總金額必須是資方所能負擔的勞動成本。若勞基法所規定的金額超出這個限度，資方因無能力負擔，必會藉用各種方式來逃避，或設法轉嫁。最後受害的還是勞方。我們知道，對大多數勞工而言，在勞動市場中，有一種看不見的力量——勞動供需的相對變動，引導他們該接受何種水準的工資。我們幫助勞方獲得應得到的權益是應當的，但必須採取合理可行的途徑。否則，也會產生「愛之，實足以害之」的後果，這當然不是訂定勞基法的原意。

（原載民國七十五年一月十日「經濟前瞻」季刊）

正視西方削弱工會成長的力量

假如我們肯細心觀察最近十多年來西方社會型態的演變，及生產結構的變化，則不難發現不利於工會成長的力量正在西方國家形成。

自工業革命發生以來，勞方與資方的對立關係變得十分明顯。尤其在工業革命初期，勞資關係被視爲水火不相容的關係。當時馬克斯主義之所以盛行，就是因爲他利用勞資間的對立與矛盾。馬克斯認爲勞工階級必須聯合起來爭取權利，進而奪取一國的政權，建立起以勞工爲統治階級的國家。西方資木主義國家，爲了免於「無產階級專政」的厄運，自進入第二十世紀，無不積極提高勞工福利，改善勞資關係，並允許勞工組織工會，擁有某些基本權利，如罷工權。到了一九六〇年代，工會力量的膨脹達於最高峯。

工會發展形成兩種現象

然而工會迅速發展的結果，有兩種現象次第出現了。第一、工會領袖不再是勞工，而是律師，或者政客。他們利用工會的力量，固然爲勞工爭取到很多權利，更爲自己的利益作不斷的擴大，以致他們的生活享受遠超過一般企業家。惟企業家尚須冒經營失敗的風險，一夜之間會由千萬富翁變爲窮苦小子，但工會領袖則不必冒這類的風險。第二、由於工會力量的壯大，他們動輒以罷工爲手段，擴大他們的權益，既不顧一個產業的衰退，也無視一國經濟活動的癱瘓與困厄。每次罷工成功之後，工資多得到上升的機會，如果勞動生產力並未相應的上升，便對生產成本構成了很大的負擔。而產品價格跟著上漲的結果，會使這個產業因經不起國際市場上的競爭，便淪爲夕陽產業。

四種力量削弱工會力量

最近十年以來，國際經濟有了相當大的變化。最明顯的現象是：工業化國家似有日漸式微的跡象，新興工業化國家卻有急起直追的衝力。科技不斷地在精進，而資本國際化的趨向愈來愈強。正因爲這些變化的產生，有四種現象的演變竟成爲削弱工會力量的勁敵。

㈠消費者選擇購買商品的自由：茲以美國爲例，消費者主權盛行，卽消費者對所購買的產品有充份選擇的自由。他們會根據自己的購買力和偏好，選擇購買價格低而品質佳的進口品，即使這種行爲會造成進口的大量增加，貿易赤字之發生，和國內產業的不振。約在四年以前，當美國經濟處於不景氣的時候，美國的消費者在一年之內購進日製轎車二百八十多萬輛，也就是美國製的轎車失去了二百八十多萬輛的市場。由這個數字可知美國汽車工業會有多少人因而失業。美國汽車業工人爲了圖存不得不自動降低工資，以增強競爭力，而汽車業工會力量也因此大被削弱。

㈡企業家選擇投資地區的自由：生產的兩大要素：一爲資本，一爲勞動。資本可在國際間自由移動，但勞動卻缺乏這種自由。資本移動的原則是：牟利高而安全性大的地區是資本流入的地區。許多開發中國家爲了促進經濟成長，無不對外資的引進給予若干獎勵與優待，諸如五年免稅，無罷工保證，而利潤可隨時匯回母國。由於這些開發中國家的勞工便宜，且無罷工之困擾，致牟利程度高。所謂跨國公司便利用這種時勢發展起來。這種公司是世界性的，它充分利用世界各地的比較利益。由於資金的自由移動，它們就選擇世界上投資環境最優良的地區。這樣一來，它們就不會留在投資環境欠佳的母國，所謂「產業空洞化」便因此產生。倘無業者肯在國內創造就業機會，每年由學校畢業出來的年輕人便無出路。處在覓職困難的情況下，工會組織也就無能爲力了。

日本企業誘使工人工作

㈢勞工選擇就業條件的自由：由於資金可自由移動，近年來，日本業者選擇美國作爲其投資的地區。也許有人會問，難道日本企業家不考慮美國工會力量的干預？事實的演變卻是：當日本的業者購得行將倒閉的美國工廠時，他們爲將要失業的美國工人保住了飯碗。當雄心勃勃的日本業者在美國領土開辦新公司時，他們又爲美國年輕人創造了就業機會。日本業者顯然處在一個有利的地位同美國工人討價還價。日本業者的條件很簡單，如果美國工人不參加工會，不罷工，他們在年終時就會得到分紅，在經濟不景氣時，也不會失業。這兩個條件對單身工人誘力也許不大，但對有家室的工人則有很大的誘力。很多美國工人經過一番考慮後，多會選擇做一個日本工廠的工人，而不願加入美國的工會。日本業者所採行的這種制度，對美國工會的存在與發展確是個嚴厲的挑戰。

㈣業者選擇機器人代替勞工的自由：由於科技的突飛猛進，而人工又愈來愈貴，機器人便出現在很多工廠，取代那些從事單調而沈重工作的人工。機器人的代替效果對某些產業，像汽車業的工資就有很大的衝擊。機器人作業可以不需要燈光，因而節省電力；可以每日二十四小時工作不需要加班費，因而節省成本。最重要的是，利用機器人工作不會發生僱傭間糾紛問題，例如罷工。近年來，已有一種趨勢，即機器人所能擔任的工作也愈來愈多，而且也逐漸走向家庭、辦公室。這對勞工供給產生很大的影響。

組織工會勿蹈西方覆轍

試觀當前這個世界，工業化程度愈高的國家，它們的國民似乎有更多的選擇的自由，而上述四種選擇的自由是民主政治體制下自然存在的自由。可是這四種自由的發展對工會的成長卻產生了不利的影響。今天我們要組織工會，健全工會的發展，方向雖是正確的，但不要蹈入西方國家（特別是英、美國家）的覆轍。從勞工的觀點，要爭取自己的權益，更要留住企業家，培植企業家。唯讓他們能創造更多的就業機會，勞工的權益才有眞正的保障。因此勞工的利得和企業家的利得應有一個合意點，踰越這個合意點，總會有一方要吃虧。而且最容易吃虧的是勞工，因爲勞動因素在國際間的移動受很大的限制，而資本因素的移動，卻隨著經濟自由化和國際化的腳步而少受限制。

（原載七十六年十二月二十日自由日報）

對經濟自由化下勞工運動應有的省思

最近二、三年來，勞工運動已成爲大家所重視的一個社會問題。去年十二月二十日，筆者曾在自由日報發表一篇短文「正視西方削弱工會成長的力量」，希望能引起推動勞工運動人士的注意，因爲他們正爲爭取勞工權益而大聲疾呼，甚至廢寢忘食。這種無我的精神固著實令人敬佩，但也不妨冷靜下來，仔細想想，推動勞工運動應有的步調、方向和機巧。如果不幸也蹈入西方工業化個家的覆轍，其所產生的後果就不堪設想了。

經濟自由化已成爲政府經濟決策者之指導原則，而一般社會大衆對經濟自由化的意義、範圍及效果，也漸漸有了認識。這種認識會使經濟自由化的力量發揮至人們不能想像的境界。現在讓我們分析一下經濟自由化對勞工運動究有些什麼衝擊。

重視勞工權益是天經地義的事，企業家固應如此，而政府當局亦不能等閒視之。但是，勞工權益不是絕對的，它必須得到業者的共識與支持。也就是說，勞工權益是勞工與業者合意下的產物。如果勞工權益不足，在自由競爭的市場，它會得到糾正；如果勞工權益超出了業者的負擔能力，在民主政治之下，業者也會有保護自己利益的反應，而這些反應對勞工權益的擴增往往是不利的。爲了說明這種不利，我們可從不同角度來剖析。

㈠首先，業者會因負擔不起爲增進勞工權益所增加的生產成本，將生產場所關閉。然後，由老闆的身份變成人家的伙計，或者乾脆做寓公，不再從事生產；或者歇業一個階段後，再伺機再起。無論在那種情況，必然有批人會因此而失業。要使這批人再得到就業的機會，必須要有人增加投資。使失業者獲得就業，可能要經過再教育的程序，這也是一種社會成本，須由政府以增稅方式來負擔。

業者改採自動設備

㈡業者也會繼續從事生產。不過，他們會儘量利用自動化設備，特別是能代替人工的機器，如近年來所發展成功的機器人，固可從事人們所從事的許多單調而沉重的工作，又可節省燈光費、勞工休假代替費，更可每日二十四小時工作而無怠工、罷工之虞。祇要業者有這種念頭，而生產性質又適於使用機器人，他們會增加這方面的投資，使其成爲事實。一待其成爲事實，就這個廠商而言，創造就業的機會就減少了。

㈢業者可選擇世界上投資環境最好的地方去發展。自從去年七月十五日政府放寬外匯管制以來，對外投資不再受到限制。有很多業者會比較國內外的投資環境，如果國外投資環境較國內爲佳，他們會選擇國外。這也是美國業者多年來所採取的策略，形成產業空洞化的一個造因。在這種情況下，應創造的就業機會是爲外國人提供。相對地，國內就減少了這些就業機會。這對於行將進入勞動市場的年輕人是不利的，他們必須在粥少僧多的局面下，去爭取就業機會。

外籍勞工受到垂青

㈣經濟自由化的範圍很廣，它也包括服務業的自由化。鄰近開發中國家的勞工會千方百計潛入國內。由於他們要求的工資低，工作條件也低，容易受到業者的垂青。除非政府訂下嚴格的法規，違者判重刑，否則他們會利用觀光名義進入臺灣，然後再潛入地下工廠，使警方捉不勝捉。在美國，發生這類的事不勝枚舉。我想在臺灣也不能倖免。尤其在海防開放之後，會有不少人利用漁船，登陸臺灣，潛入餐廳、速食店，甚至家庭，使我們防不勝防。於是有些勞工的就業機會就被他們搶去了。

㈤由於消費者有選擇產品的自由，在關稅稅率大幅度降低之後，他們可以購買國產品，也可購買舶來品。除高所得階層外，絕大多數的消費者願意購買物美價廉的產品。如果國內產品，因工資上升太快，致價格升高，即使本國消費者也不會出高價錢，購買本國產品，以示其愛國行為，因為在經濟問題上，「自利」比任何其他因素受到最大的重視。

提高工資須符實際

目前，還有一種潮流在醞釀，即大陸探親開放之後，不少業者對大陸投資泛起幻想，甚至已在「投石問路」了。尤其近年來中共所開出的優待條件，很容易使業者上鉤，儘管那是椿風險極高的投資。到大陸投資會為大陸同胞創造就業機會，提高其所得，相對地，國內新投資減少，對就業機會也是不利的。在這種情況下，能不能引進外人投資以求彌補？問題是：外人也是對好的投資環境有偏愛，對社會成本太大的投資環境不會產生興趣。

過去三十多年，臺灣經濟之有高度的成長，而人民生活之獲得普遍的改善，勞資維持和諧的關係厥功至偉。有人特別強調，臺灣的工資太低是造成競爭力高的主要原因。這種論調有部分正確性，也有部分不當性。工資高低與經濟發展階段密切相關。在已開發國家，工資水準高是經濟發達的必然結果，在落後國家，工資水準低則是經濟不發達的必然現象。在臺灣經濟發展的早期階段，各行各業的收入都不高。我們看看一般公務人員的待遇及大學教授的待遇又何嘗是高的呢？如果在這個階段，單獨提高勞工的工資，而置其他行業於不顧，也是件不切實際的事情。況工資水準之高低須與勞動生產力作比較。在經濟發展的早期階段，所發展的產業主要是勞力密集的產業，而這種產業的勞動生產力往往是不高的。如果勞動生產力不高硬要提高工資水準，那就是生產成本的增加，也就是競爭力的下降。

他山之石可以攻錯

隨著經濟不斷的成長，各業工資水準已在不斷的上升。就以臺北市而言，家庭幫傭的工資已超過剛畢業的大學學生的待遇，而一個工廠的新進勞工的工資也超過了高職畢業生的待遇。一位大學教授的待遇約等於兩個計程汽車駕駛人的平均收入。這不是說，我們就不需要爲勞工階層爭取權益了，而是要從合理的範圍去爭取。所謂合理的範圍是指業者能够負擔的範圍，因爲一旦踰越這個範圍，業者就會做其他的選擇。一旦業者做了不利於國內就業的選擇，受害最深的是有工作而失去工作的人，及想找工作而無工作機會的人。「他山之石，可以攻錯」，當全國經濟陷於衰退之境時，新加坡採用自動降低薪資的方法來肆應；當外來競爭對手處於優勢時，美國汽車業工會打破工資僵性之傳統，採行自救的方式，重獲與業者的合作機會。結果，前者經兩年的努力，經濟得以復甦而成長；後者終能協助業者穩住與外來貿易對手競爭的陣腳，保住了大部分國內市場的佔有率。

（原載民國七十七年四月十一日自由時報）

增進勞工權益應有的抉擇

增進勞工權益是所有從事勞工運動人士的共同目標。如何增進勞工權益，則各有不同的方式採行。在共產黨奪權成功的國家，他們採取「殺雞取卵」的方式，幹掉所有民間的資本主，將所有生產工具歸爲政府所有，由無產階級的勞工專政。長期以來，勞工間便形成「大鍋飯」思想，而且這大鍋的飯愈來愈貧乏，也愈來愈難吃，因爲它是扼殺勤勞與冒險創業意願的劊子手。在資本主義盛行的社會，勞工與資本主義處於對立的局面。勞工在工會領導之下，儘量爭取自己的權益，有時置資本主義的牟利動機於不顧，致資本主轉移到工會不發達的地區去謀發展，爲國內留下的則是失業機會的增加。也有少數工業化的國家，勞工與資本主取得協議，爲同一目標（先求生存，後圖發展）而努力。有利益，大家分享；有苦難，大家同當。卽使在不景氣時期，勞工仍能維持工作的機會，面對這三種不同的經驗，我們的勞工運動應選擇的途徑是什麼？我們該採何種途徑，既可使勞工的生活水準得以逐漸提高，又可使資本主願意繼續投資？這是今天從事勞工運動的人士應有的抉擇。

顧及整個社會利益

增進勞工權益不應單以勞工本身的獲益去考慮，也要顧及整個社會的利益。當然，勞工不能維持其基本權益固不合理，但撵走資本主也是不智之舉。為此，我們願提出一個基本原則來考慮，那就是，一、就業機會，二、工資水準，二者作合理權衡。

維持現有工作機會

這兩個條件都與資本主的利害密切相關。當我們爭取或增進勞工權益時，應同時顧及這兩個條件。關於第一個條件，就是說，無論在何種經濟情況下，均能維持現有的就業機會。因為經濟有盛有衰，在經濟繁榮時，就業較易；在經濟衰退時，則容易失業。如想在經濟衰退時，避免失業之發生，勞工與資本主非和衷共濟，一起來解決困難不可。祇要能維持就業，方有機會增進勞工權益。進一步，更希望資本主繼續創造就業機會，那就需要資本主冒險犯難，增加投資。因為任何一樁投資都有風險，倘若投資失敗，資本主會傾家蕩產，一無所有。資本主繼續創造就業機會有兩種效果發生：原有就業的勞工會得到提升工資的機會，改善其生活環境，同時使新進入勞動市場的青年人得到就業機會，發展其抱負。關於第二個條件，提高工資水準必須以就業爲先決條件，沒有就業機會，維護勞工權益是落空的。同時必須使經濟不斷成長。唯經濟有成長，增進勞工權益方有可能。如何使經濟不斷成長？開拓市場，增加投資是最重要的途徑。祇要經濟能保持成長，提高工資水準，改善工作環境，建立勞工健康保險，以及退休制度之目標始能逐步達成。無論在那個環節上，必須要考慮到資本家的負擔能力，以及如何得到資本家的合作與支持。如果勞工運動所爭取的超出了資本主的負擔能力，卽使在短期能達到提高工資的要求，但也會影響到投資意願，一旦國內投資意願降低，維持現有就業機會困難，創造新的就業機會更不可能。

大量失業動亂之源

今天是一個經濟自由化和國際化的時代。每個人都有選擇的自由。勞工有選擇工作的自由，但工作的性質與工作的場所要受個人能力的限制；資本主有選擇投資區位的自由，他可以在國內投資，也可以在國外投資。因爲資金流動受的限制較少，故資本主有較大的自由空間。這也就是何以近年來跨國公司迅速發達，而對外投資風起雲湧的原因。對於任何資本主而言，他們總是喜歡到投資環境優良的地方去投資。如果投資環境不優良，如罷工經常發生的地方，那就等於生產成本的加大，也就是競爭力的削弱。如果一個地區演變到無人敢去投資，失業現象必然發生，一旦有大量的失業存在，社會動亂會接踵而至，這是西方國家經常見到的現象。大英帝國之失去第一號工業王國的寶座，就是因爲勞資兩方尖銳對立，而全國性的大罷工不絕如縷。當大罷工發生時，它波及社會的所有層面，致英國的投資環境變壞，企業家不但裹足不前，而且也會將原有的投資儘量移轉他處。結果，就業機會減少。多年來大英帝國的失業率一直維持在百分之十二以上，我們可以說，這是一個主要原因。再看看拉丁美洲，那是塊天然資源豐富的地區。上帝是如此地厚待他們，可是，這個地區的勞工權益之高張卻超出了這個地區經濟發展所能負擔的能力，因而嚇跑了資本家。結果，這個地區祇有掙扎在惡性通貨膨脹，高失業率和社會動亂不已的環境中。

因勢應變强化競爭

臺灣的工業發展，目前正面臨國內外交相挑戰的局面。在國外，貿易競爭如火如荼，唯競爭力大的企業方能獲勝，而保護主義亦在擡頭，對我們的出口已形成嚇阻的力量。在國內，消費者運動、環保運動以及勞工運動也對業者的生產活動形成一種壓力。如果業者不能成功地因勢應變，加以調整，必會降低其產品的競爭力。處在這種局面，要使產業保持成長，殊非易事。對於這種事實，我們不能不重視。消除不合理的待遇，增進勞工權益，絕對是正當的行爲，但不宜操之過急，亦不宜以激動勞工以罷工的方式去爭取，以免造成「愛之實足以害之」之結局。

（原載民國七十七年四月十七日自立晚報）

投資環境惡化，誰來創造就業機會？

多年來，臺灣的投資環境被認爲是亞太地區最好的投資環境之一，因此，很多國內和國外的企業家，願在臺灣投資、生產、出口、進口，再生產，從而創造了很多就業機會。諸如讓農村的剩餘勞力有了工作出路，讓剛畢業的學生得到學以致用的場所，而使正在工作的勞工不但保住了飯碗，也有了更多的收入。可是近兩年來，隨著戒嚴法的取消，這個美好的投資環境漸有惡化的跡象。企業家正以恐懼不安的眼光注視這個環境的變化。

影響投資環境的因素

影響投資環境的幾個重要因素，近年來已有相當大的變化，且已受到有識之士的關切：

㈠政治局面有動盪的傾向：自從戒嚴令被取消以來，要求「臺灣獨立」之聲由隱而顯，而中共的回應，卻是「犯臺」的一再警告，不少業者已放棄在臺灣作長期投資的打算。

㈡社會安寧已亮起紅燈：臺灣的都市區域已呈現脫法失序的現象，失控的街頭示威，缺乏理性的自力救濟，此落彼起，而搶劫、姦殺之風也不絕如縷。這些現象造成了無法計量的社會成本，而這種社會成本，部分由納稅的老百姓來負擔，部分則成為生產成本，由業者去償付。

㈢罷工、怠工造成莫大的損失：為了提高工資水準，追索過去休假日工作之加班費及爭取更多之年終獎金，不少產業的勞工在外力的鼓動下，便將罷工、怠工作為經常運用的工具，使勞資糾紛迭起。

㈣環保運動如火如荼：由於對於久已存在的工廠所造成的各種污染迄未獲得圓滿解決，工廠附近的居民捨棄法律途徑，改採激烈的「自力救濟」，使工廠無法運作，進而殃及新工廠的設立，使投資進行受到阻礙。

㈤勞工的勤勞也起了變化：近年來，部份勞工熱衷於賭博性的大家樂、六合彩等贏輸快的活動，使很多產業有缺工之現象；也有不少勞工及老闆奔忙於證券市場，賺錢時，如狂如癡；賠錢時，又怨天尤人，嚴重影響到工作效率。

㈥工資大幅度上升：在亞洲地區，除日本的工資水準為最高外，臺灣的工資高於香港、新加坡和韓國，也就是說，臺灣不再是低工資的地區。重要的是：工資上漲幅度超過了勞動生產力增長幅度。

企業抽腿勞工先受害

由於投資環境已不如前，有幾種直接的反應已經出現，那就是：

㈠不少中小企業認爲做生意愈來愈難，若繼續生產，必冒更多的風險。於是乾脆將工廠關閉，將廠地賣掉，或去美國購置房地產，以備將來有落腳之處；或者去炒股票，賺取更多的錢。

㈡也有不少中小企業將資本投到東南亞的國家，因爲泰國、馬來西亞等地不僅工資低廉，而優待條件也多，也有些企業寧願冒風險到中國大陸投資。

㈢有的企業，在衡量人與機器的成本後，便加速自動化，大量減少人力。因爲機器既不會罷工，也不會集體休假；更沒有勞資糾紛的困擾。這些反應的意義就是減少他們在臺灣的投資，也就是減少他們對工作機會之創造。

歷史殷鑑不可不察

在此情況，與其說是勞資雙方均受其害，不如說是勞工受害最大，因爲勞工選擇的自由太少；他們沒有想到那裏工作就能到那裏工作的能力及機會，可是業者們選擇的空間、時間都很大，因爲幾乎世界每個國家都歡迎「投資」中的資金而非勞工。

臺灣經濟奇蹟是全國上下，經數十年的茹苦含辛、和衷共濟創造出來的。它既非「神話」，亦非天賦。要使它變成歷史陳跡卻是一朝一夕之事。二十多年前的菲律賓曾是亞太地區經濟情況最好的國家之一，二十年前的拉丁美洲之繁榮，也是落後地區之翹楚。可是，曾幾何時，政治上的傾軋與腐敗，使前者成爲亞太地區中經濟最弱的一環！工會的過度擴張與社會福利的大幅提高使後者徒有天富之條件，但要熬受成長低、通貨膨脹高與外債負擔重的局面。儘管歷史不會重演，但他國的經驗值得我們參考。否則，親身嘗試的結果，將會付出無法負擔的代價。

要繼續創造更大的餅

目前投資環境之惡化，主要是由於三種運動結合在一起所產生的現象。野心的人士爲了爭取政治資源，遂行其政治目的，乃利用了原本單純的勞工運動和環保運動，使其質變，而滋生的問題複雜。執政當局必須結合社會大眾的力量，對於民主化運動，應有秩序、有步驟的進行；對於社會治安，應拿出魄力來維持。對於勞基法的修改，要加速進行，在權益上應使勞工的生活與退休有保障，也應使業者有能力負擔，有意願投資。對於環保問題之解決，仍需循序漸進，應厲行「污染者付費」的原則，不應限制製造業的發展。我們仍須強調：要繼續創造更大的餅（經濟成長）來分享，絕不爲這塊既成的餅，你爭我奪。因爲爭奪的結果會使這個海島淪爲漁翁得利的下場！

（原載民國七十八年二月十七日自立晚報）

第七部　海峽兩岸經濟關係之探索

海峽兩岸經濟關係之探索

自民國三十九年起，臺灣與中國大陸之經濟關係便告中斷。由於敵對形勢明確、戒嚴法執行嚴格，兩岸民間幾無任何交易活動，而海上走私現象亦不多見，祇有大陸的藥材經由香港，轉口到臺灣。從貿易平衡觀點，臺灣處於逆差。這種現象一直維持到民國六十八年中美斷交。但自該年美國與中共建交之後，大陸對外關係開始增加起來。復隨著中共經濟改革的推動，海峽防務的鬆弛，海上走私活動十分猖獗。尤其自民國六十九年以來，海峽兩岸經由香港轉口的貿易增加迅速。最近三、四年，海峽兩岸之經濟關係，不但在相互貿易上有大幅度之增加。而且臺灣業者在大陸間接投資設廠者也不斷增加。除此，由在臺灣的同胞，對大陸親友匯款之數量，隨著大陸探親之開放，更是有巨幅之增加。這些活動無論對大陸或臺灣之經濟，甚至政治均會產生相當大的衝擊，茲就海峽兩岸之㈠貿易關係，㈡投資關係，㈢資產轉移，㈣觀光關係四方面之發展，所面臨的問題，以及今後的展望作一扼要說明。

貿易關係

兩國或兩地區貿易之產生主要是基於互惠原則。站在商人立場，「殺頭的生意有人做，賠本的生意沒人做。」一站在政府立場，基於國家利益及安全考慮，敵我之間通常無貿易可言，因爲任何貿易行爲都會依「資敵」罪名來看待。在民國六十八年以前，海峽兩岸的貿易祇限於海上走私活動，自此之後，兩岸貿易形勢丕變，一方面，海上的走私者逐漸明目張膽起來，而經由香港轉口的貿易也大量增加。例如，民國六十九年，臺灣產品經香港輸往大陸者達港幣一二〇五四百萬元，而大陸經香港進口者爲港幣三九〇五百萬元，民國七十四年，臺灣產品轉口到大陸者增至港幣七六九七三百萬元，而大陸產品轉口到臺灣者，則增爲港幣九〇四百萬元，即以七十七年第一季而言，臺灣產品輸往大陸者爲港幣三〇二一九百萬元，而大陸產品輸往臺灣者爲港幣八〇八三百萬元，由此可見兩岸貿易增加之速，而且到目前爲止，大陸對臺灣的轉口貿易一直處於逆差。

海峽兩岸間轉口貿易發展之如此迅速，主要是因爲中共於民國六十八年推動經濟改革以來，對進口大量放寬，而臺灣由於外匯的充裕，進口限制減少，得使兩岸轉口貿易倍增。事實上，臺灣的家電產品及電子產品，最爲大陸同胞所喜愛，而大陸之藥材、農產品也爲臺灣同胞所需要。尤自石油危機發生以來，大陸所出產之石油、煤炭及棉花價錢便宜，運程又短，久爲大陸鄰近國家所垂涎。近年來，韓國業者亟欲取得這些原料，作爲競爭對手的臺灣業者乃以各種管道，要求政府放寬大陸原料的進口。在輿情及民意的影響下，對於由大陸進口的限制乃被逐漸放寬。

部分臺灣的業者更進一步要求同大陸進行直接貿易，唯一的理由是免除中間的剝削，增加效率。對於這一要求，無論政府及學術界，均有一個共同的看法，卽在目前這個階段不宜從事直接貿易，其理由是：臺灣的貿易商是民間業者，而大陸的貿易商主要是中共政權（間有少數民間業者），中共政策之轉變無人能預卜，若有大的轉變，臺灣的民間業者就會遭受很大的損失，像四年前的百吉發機車案，就是個很好的教訓。同時如果兩岸業者發生了貿易糾紛，法律的適用也是個問題。爲了減少這個風險，臺灣的業者同香港的貿易商合作或其他國家的貿易商合作進行兩岸間的貿易，就會達成牟利的目的。

今後兩岸貿易是否會繼續增加？這是大家所關心的問題。就目前兩岸政治與經濟發展趨勢而言，兩岸貿易會繼續增加。最重要的理由是：⑴兩岸所交易的產品各具比較利益，各爲對方所需要。⑵大陸的原料對臺灣的業者有很大的吸引力，尤其在與韓國競爭情況下。⑶很多業者認爲大陸也是分散出口市場的一個重要地區。⑷探親與觀光也會增加兩岸的貿易關係。不過值得注意的，進口大陸農產品，尤其是與臺灣農產品有競爭性或代替性的產品，將對臺灣農業發展形成另種壓力，而這種壓力比來自美國的壓力還大。

投資關係

海峽兩岸的投資關係，迄今爲止，仍然是單向關係，卽臺灣的業者到大陸投資，而非大陸的業者來臺灣投資。而臺灣業者到大陸投資是最近三、四年才發生的事，也是間接性的投資設廠，同時祇限於中小企業，著名的臺灣大企業集團尚不敢貿然從事。

臺灣業者到大陸投資是基於下列原因：(1)大陸缺乏資金，亟欲吸收外來資金，於是中共訂定許多優待條件，而臺灣業者更是他們所爭取的對象。(2)有些產業，在臺灣已漸失比較利益，但在大陸則具比較利益，大陸本身不僅提供廉價的原料，也提供低廉的勞工，而這兩條件是維持國際競爭力的重要條件。(3)臺灣的管制已大爲放鬆，尤自民國七十六年七月十五日解嚴以來，業者的自由度增大，同時不少業者認爲在臺灣加速折舊過的機器設備仍可在大陸開創第二個春天。

由於臺灣的業者到大陸投資是採行秘密而間接方式，統計資料難求，無法窺其全貌，據聞至民國七十六年止，臺灣業者經第三國家至大陸投資者有八十件，多集中在福建、廣東以及上海；金額不大，主要屬於製造業，如紡織業、製鞋業、電機業。卽以民國七十七年第一季而言，臺灣業者與福建省簽訂合同項目有十六項，協議金額達七百多萬美元，在厦門經濟特區洽談的項目有九十個。預計該年臺灣業者的投資將逾美金一億元，在厦門經濟特區投資的項目，以輕紡爲主，除此，有橡膠、鞋類、塑膠製品、電子零件、帽子及食品等，而投資方式，包括合資經營、合作經營、獨資經營及三來一補等。

民國七十六年，中共宣布開放海南島成爲一特別經濟區，並擁有自主權，吸收外國投資。不少臺灣業者對這個自由區，抱有幻想，且躍躍欲試。而政府當局對於間接性的大陸投資雖然無法加以限制，但對於業者直接赴大陸投資絕對加以禁止，因爲這種行爲更符合「資敵」的條件。事實上，對大陸進行直接投資，其風險比直接貿易可能更大。值得考慮的因素爲⑴如果中共視臺灣的投資者爲本國人，限制將投資收益匯出。⑵如果中共政策改變，將所投資的機器設備沒收。⑶如果臺灣的投資者在大陸的商業活動被視爲間諜行爲。這些都可以羅織爲罪名，使業者的投資付諸流水。爲了避免這些風險，臺灣業者對大陸的投資卻是經美國人、日本人或香港人作掮客，卽以他們的身分代表臺灣業者，進行投資，同時，他們的投資皆屬短期性，卽在二、三年內，可收回投資成本的產業，才是他們感到興趣的產業。

資金轉移

海峽兩岸資金轉移也是單向進行的，卽資金由臺灣同胞手中轉移到大陸同胞的手中。這種行爲始於一九七〇年代初期，卽美國總統尼克森訪大陸之後，少數華僑（包括臺灣的同胞）卽以僑匯的方式，由日本、美國、香港，接濟大陸上的親友，惟數額不大。一九八〇年以來，僑匯給大陸同胞的資金愈來愈多，其確實數字很難估計。由於一般商人出國方便，有不少人經由香港、日本、泰國及新加坡前往大陸探親或觀光。每人所花的外匯，每次美金三千元至六千元不等，甚至有些原籍大陸的商人爲享受「衣錦榮歸」之感覺，達成「光宗耀祖」之事實，作大量金額之捐獻者，爲數甚夥。民國七十六年十一月政府開放大陸探親，因探親而携帶給老家親友的金額亦相當可觀。如果每人次平均以新臺幣五萬元計，其總額卽相當可觀。這種單向資金移轉，對大陸同胞產生了積極的效果，包括⑴使大陸同胞認識到臺灣的富有，卽使一位退伍老兵平均所携帶的金額也等於一個工人月薪的七十多倍。⑵使大陸親友得到一筆數目可觀的救助，乃得以改善居住環境，提高生活水準。⑶臺灣的富有使中共政權及社會大眾對經濟改革有了更大的信心。

觀光關係

由於大陸大自然風景優美而名勝古蹟又多，中共門戶一開放，觀光成了一種生意興隆的事業，最近五、六年來，到大陸觀光的商人很多，尤其自七十六年十一月開放探親以來，藉探親而觀光者日多，由於中共刻意將廣州、南京、上海、杭州、北京、長城、西安及桂林先開放，於是這條路線也就變爲觀光的黃金路線。

觀光對地主國有較多的利益，它不僅可增加外匯，而且可促進現代化。因此，中共對大陸觀光，保持鼓勵態度。而臺灣的同胞，對大陸觀光也會愈來愈多。

結語與展望

大體言之，最近十年來，海峽兩岸的經濟關係有了長足的發展，在相互貿易上，有統計數字可考，在投資資本移轉及觀光方面，雖無正確數字可查，但其發展有如火如荼之勢。兩岸經濟關係之增強對兩岸均有裨益，而這種裨益不限於經濟，也擴及文化交流，政治制度的衝擊。

展望未來，如果中共的經濟能沿襲過去十年的路線繼續發展下去，而臺灣的政治能脫出臺灣獨立的情結，兩岸的經濟關係會更增強，而這種關係的增強，有助於大陸採行私有財產制度及市場經濟制度，更有助於兩岸同胞的相互了解，統一意識的廣泛溝通。

不過，爲謹愼起見，對促進與大陸經濟關係，宜循序漸進，謹愼從事，政府當局之「反資敵」意識，過度保守的態度，甚至「恐共」的心理固屬不當，而民間企業對大陸政局所持之浪漫情懷，一廂情願的作法亦屬天眞。我們宜從長期著眼，短期著手，儘量掌握大陸情勢的變化，經常檢討我們的做法與得失。我們要有計劃而有步驟地推動與大陸的經濟關係，因爲使大陸統一在自由、民主與富有的旗幟之下，是光復大陸的目標，也是我們的責任。（此文要義曾在太平洋文化基金會主辦之「海峽兩岸交流問題及其展望」座談會上，口頭報告過。

（原發表於民國七十七年八月「吾愛吾家」月刊一一六期）

爲中國統一尋找起點

在我們國家今天所面臨的各種問題中，以「三民主義統一中國」最爲重要，也最難落實。「中國」是海峽兩岸中國人的中國。一方面，沒有民主、自由、法治、進步的臺灣，就不會有民主、自由、法治、進步的中國；另一方面，沒有統一的中國，就會有臺灣分裂的危機。

要解開這個中國結，雙方必須少談政治面的「主義」與「堅持」，多談非政治面的「問題」與「經驗」。

我們在下面所提出的建議，包括學術交流與文化交流、貿易交流與臺灣經驗移植。這些建議的前提是：我們在臺灣已有信心來做新的嘗試，也有責任來做新的突破。時機稍縱卽逝，不容我們再等待；而決策的延誤就如同決策的錯誤一樣地可怕。

我們對落實大陸政策的基本看法是：把已經半公開在做的，要公開化；已經間接在做的，要直接化；尚未做而應當做的，要行動化。

學術文化交流

在學術與文化交流方面，我們建議：

(1)在國外訪問的大陸學人與留學的大陸學生可以短期來臺訪問；在國外留學的臺灣留學生也可以短期去大陸訪問。

(2)大陸的學者可以來臺北參加學術會議；臺灣的學者也可以去大陸參加學術會議。

(3)學術性的資料（如論文、期刊、專門書籍）經政府核定後，雙方可直接交換。

(4)目前去大陸探親的規定應放寬爲觀光。除軍警憲本人以外，他們的眷屬和其他性質的公務員（如大學教授），均可去大陸探親或觀光；同時也應准許大陸同胞來臺探親及觀光。執政黨已於日前公布其黨工人員大陸探親辦法，也正走向更開放的方向。

(5)雙方應即展開體育（各種競賽）、文化（如畫展、音樂會）等交流。

(6)雙方的學術機構（如研究所）也可交換短期的訪問學者，甚至建立大學部的交換學生，如臺大與北大每年交換若干名學生。

上述各種建議，我們政府均可以漸進方式，訂定每年或每次入境人數及留臺時間。

推動經貿關係

臺灣經濟是以貿易爲導向，但是，近年來，我們的對外貿易正面臨日益升高的貿易摩擦，其中尤以出口集中美於國市場而遭到空前的壓力。正確的因應之道，不外乎分散外銷市場與提高國內需求。

臺灣是中國的一部份，大陸亦是中國的一部份，所以，爲提高國內需求，絕對不應棄十億多人口的大陸市場於不顧。尤其不應該將此廣大的國內市場拱手讓與國際競爭對手。

推動經濟國際化的目的，是要使我們的業者，能以整個世界爲採購、投資與行銷的對象，以降低生產成本，賺取最佳利潤。現在，我們到處尋覓原料，卻不得採購品質佳、價格廉、運程近的若干大陸特產；我們正發展對外投資，卻不能到語言、文化完全相同但工資遠爲低廉的大陸地區設廠。

顯然可見，我們還未達成經濟「國內化」，就侈言經濟國際化，豈不有些像似　國父所說故事中的苦力，未領到獎金以前，就丟掉藏有獎券的扁擔？

因此，推動兩岸經貿關係，不僅實現經濟登陸以提高大陸同胞生活水準，進而改變其思想意識及制度，而且可從多方面解決我們本身的經濟問題。但在很多問題沒有解決以前，直接貿易尚不適宜，而現階段仍以轉口貿易為限，但須大幅放寬。

首先是對於轉口貿易來臺的物品，不必再挑剔其原產地證明書。也就是明知其為大陸物品，亦不予追究。

其次，鼓勵業者在香港等地設立公司，直接經營轉口貿易。

第三，經濟部對於處理貿易的三原則之一——「廠商不得與中共機構或人員接觸」——應予取消，因為開放大陸探親後，此一原則事實上已不發生拘束力。

第四，對於有關法律應予修正，譬如「懲治叛亂條例」第四條第四項，「為叛徒購辦運輸或製造軍械彈藥，或其他供使用物資」，就至少要刪除「或其他供使用物資」等字，以免業者觸法。

最後，臺灣區各貿易公會，或可對大陸之出口與進口，設定上限，不容業者踰越，以免百吉發機車事件重演。

在此同時，政府應該容許我們的工商團體與大陸上個體經濟單位組織接觸，雙方以民間身分來往，彼此交換工商資料，以作下一階段行動的準備。然後，代表雙方業者訂立各種有關協議，以保障經貿過程中的業者權益，並且彼此成立辦事處，協助雙方直接貿易與投資事宜。

假若這一點還做不到，有關當局就應及早設立自由貿易特區（包括港口與機場），在此特區內和大陸進行直接貿易，再徐思擴大兩岸經貿關係之良策。

移植臺灣經驗

爲了消除大陸同胞被灌輸的共產主義，使其於潛移默化之中接受民主、自由、和平的理念，我們應以各種方式移植「臺灣經驗」與大陸同胞分享。

具體而易產生實效的辦法是經由預算程序，政府提供五〇億美元外匯存底，做爲「臺灣經驗」之移植，以其孳息在大陸上推展各種活動。如年息八厘，一年有四億美金，相當於一年一百餘億新臺幣，透過另外設立之民間財團法人予以統籌運用。

「臺灣經驗」在大陸之移植可以包括：

(1)設立學術講座：即在大陸重要大學設立孫中山文化講座、蔣中正歷史講座、蔣經國經濟講座、三民主義講座等，由中外有學術地位之學者擔任。

(2)在大陸設立臺灣經濟研究獎金：獎助大陸碩士及博士研究生以撰寫有關臺灣經濟發展的論文爲對象，使大陸知識份子有更多的機會瞭解臺灣經濟發展成功的原因。

(3)設立海峽兩岸學術交流補助金：資助臺灣的學者去大陸，及大陸的學者來臺灣從事各種學術研究。

(4)資助臺灣與大陸學術機構合辦的學術性研討會。

(5)設立大陸留學生(在美加等地)暑期補助金:補助他們暑期從事研究或寫作,不需以打工等方式賺錢而浪費時間。

(6)將中國人權協會工作擴展到大陸:在大陸主要城市設立分會,爭取應有的人權。

(7)設立中小企業經營諮詢會:利用資深及剛退休之專家充任,移植臺灣經驗。

(8)提供農業技術援助:協助大陸廣大農村改善其農業生活、運銷等。

以上每一項目的推展,都可由民間負責,透過新設立的機構就每一項成立一個委員會,負責執行工作。每進行一年,就需要檢討一次,以俾改進工作。推行每一項工作所需經費,由基金的孳息支付。

一切操之在我

未來的中國,必然是要在自由、民主、富裕的基礎上和平統一。要想達成此目的,臺灣海峽兩岸的中國人,思想意識必須認同而非疏離,生活水準趨近而非過度懸殊。

中共經濟體制改革,在意識上已漸認同以民生為基礎的三民主義,經由上述各種交流的展開,我們相信更容易為和平的中國統一奠基。

上述各種建議，建築在「政經分離」、「政學（術）分離」以及「官（方）民（間）分離」的認知上，而且行動操之在我。進行順利，可以擴大；不順利，可以再修改調整。

這些建議對在臺灣的國人而言，是反映我們的自信，以及由自信而衍生大陸政策的突破；對在大陸的同胞而言，是反映我們對他們實質的關懷，由關懷而把「臺灣經驗」移植在大陸；對國際上而言，中華民國終於跳越了自設的藩籬，以前所未有的積極做法，爲自由與民主的中國統一尋找起點。

（此文係由本書作者與侯家駒及高希均兩教授合著，發表於民國七十七年三月十五日聯合報）

我經濟成功爲大陸提供了努力方向

三十八年以前，國民政府自大陸撤退來臺不久，政局動盪，民心弗定，物資匱乏，通貨膨脹，而民生疾苦。當時世界各國多以落井下石的態度，不屑一顧的眼光看待我們，因爲他們認爲這個風雨飄搖中的孤島會很快地沉淪下去。可是在臺灣的全國軍民，均以孤臣孽子的心情，爲生存，而茹苦含辛；爲發展，而胼手胝足。

在這三十八年期間，我們不但沒有被擊倒，反而在逆流中，愈挫愈奮，愈戰愈勇，終於使臺灣從一個落後的局面變爲進步的局面，從一個貧窮的狀態變爲富裕的狀態，從一個默默無聞的蕞爾小島變爲世界聞名的經濟大國。目前，臺灣經濟發展呈現給世人的幾個具體表徵，受到了舉世的注目與讚許。這幾個表徵是：

(1)高度的經濟成長並未形成貧富不均的現象。

(2)龐大的外匯存底已逾七五〇億美元，爲世界第二位。

(3)健全的政府財政，二十多年無赤字之累，亦無公債之負擔。
(4)天然資源雖然貧乏，但無外債羈身。
(5)多年來能够維持極低的通貨膨脹率。
(6)失業率相當的低，幾已達到充分就業的狀態。

這些經濟表徵是很多國家所欲追求的，但是，同時具有這些表徵的國家，在世界上尚找不到第二個。更深一層言，如果沒有一個廉能的政府，正確的領導，能不能產生這些成就？如果沒有一個安全的社會，穩定的政局，能不能保有這些成就？我們環顧四周，很容易得到答案。二十年前的中南美各國是何等的富有？二十年前的菲律賓又是何等的發展？但是現在，這些國家都不能同臺灣比，儘管臺灣並無豐富的天然資源，亦無風平浪靜的外部環境，但是臺灣卻成爲開發地區中最耀眼的一顆亮星。

經濟成就提供榜樣

臺灣經濟發展的成功不僅爲開發中國家帶來重要的啟示：即使無富裕的天然資源，仍可以人定勝天的精神，創造經濟奇蹟；而且更爲中國大陸統治者提供一個活生生的見證，爲中國大陸同胞燃起生命的希望。同時，臺灣經濟發展的模式爲大陸經濟發展提供了一個學習的榜樣。

由於臺灣經濟發展的卓越成果，部分覺醒的中共統治者，自民國六十七年底起，開始推動經濟改革計畫，而這些改革計畫，在很多方面，著有臺灣經濟早期發展的色彩。譬如「人民公社」制度的被撤消，容許農民用承租的方式，擁有一片土地、從事農業生產，無疑是受了臺灣在民國四十年左右所完成的「土地改革」之影響。因爲「人民公社」之瓦解，「包產到戶」制度之採行，於是大陸農民生活有了改善，爲引進外人投資，增加就業機會，中共當局乃開闢沿海的幾個地區爲「經濟特區」，藉以規避腐敗官僚體系之干預，從而引進西方的技術與經營方法。這與臺灣在民國五十年代設立「加工出口區」之措施不無關聯。自與美國建交之後，中共當局一方面派遣大批青年人到西方留學，一方面用各種方式，吸引海外華裔學者專家，赴大陸講學，主持研習會，訓練科技人才。這又與臺灣在民國五十年代的做法如出一轍，至於爲吸引外資，中共當局所採行的獎勵辦法，可說師承臺灣的作法。經過近十年的經濟改革，大陸經濟在各方面有了起色，如果中共當局肯放棄四個堅持，其經濟改革的效果會更顯著。

推動建設吸引投資

自能源危機於民國六十二年發生以來，整個世界經濟起了相當大的變化，我們看到西方工業化國家有欲振乏力的跡象，其經濟成長率下降，失業率大幅度上升，而亞太地區的國家雖無石油生產之依賴，但卻保持高度的經濟成長，低度的通貨膨脹和失業率。而亞太國家中，表現最傑出的，則是中華民國。自六十二年迄今這段時期，卽使兩次石油價格的暴漲爲通貨膨脹增加了燃料，保護主義擡頭使貿易障礙增多，但臺灣仍能保持百分之八・七的經濟成長，通貨膨脹屬於溫性，而自七十一年以來，通貨膨脹現象幾已完全消失，失業率界於百分之二與三・三之間。每人平均國民生產毛額由六十二年的每人一〇七二美元提高爲七十六年的五、一〇〇美元。出口貿易在世界各國排名第十二位，國民生活水準大幅度的提高，而且有餘力可至世界各地觀光，這是開發中國家難見的現象，更重要的，自民國七十三年起，政府宣佈推行十四項重要建設，並推動經濟自由化、國際化運動。七十六年七月，實施外匯自由化，而關稅稅率自七十七年起，對三千五百多項進口品，下降百分之五十。這些經濟上的表現已引起世界各國的重視，他們一反過去之漠視與歧視的態度，積極與我政府改善關係，或派人來考察，或來臺設商務辦事處，或吸引我業者到其國家去投資。

朝經濟自由化邁進

民國七十七年元月十三日，蔣總統經國先生因病逝世離開這塊由他領導耕耘而有碩果的土地。一時全國同胞陷於萬分悲慟之中。但是，無論政治或經濟，其運作仍如往昔。不過，我們必須承認我們所面臨的國內外經濟情勢較前更爲複雜而艱困。在外，有保護主義浪潮的洶湧；在內，有政治訴求現象的傳染，也有社會自覺運動的興起。前者對出口擴張形成抵制性的壓力，後者對投資意願造成嚇阻力量。處在這種情勢下，我們應努力的方向，厥爲下列諸端：

(1)繼續朝向經濟自由化目標邁進，臺灣經濟發展到目前這個階段，必須走向經濟自由化與國際化。爲此，許多有礙經濟自由化的規章應適時的加以修訂。對於聯合壟斷的行爲，必須加以清除。對於利益團體之不當需索，必須加以制止。爲使經濟自由化進行順利，經濟措施應按執行程序作先後之分。對其衝擊之化解作緩急之別。

(2)積極改善投資環境：改善投資環境對增加投資有密切關係。首先要維持一個穩定而和諧的政治局面，因其爲引進外資，創造投資機會之必要條件。對於財稅制度和貨幣制度，必須徹底檢討，並積極改進。同時也要建立完備的經濟資訊系統。

(3)研提重要公共投資計畫：爲了配合工業之迅速成長，都市範圍之不斷擴大，及人口不斷集中現象，需要經常地選出若干項重要公共建設項目，並對其進行可行性研究與評估。當經濟行將衰退或需要增加公共投資時，即可推出，用以活絡經濟。

(4)積極引進新式科技：爲奠定工業發展基礎，應增強基礎科技之引進。例如可聘請西方先進國家剛退休的技術人員，同時國內作相應的配合，有計劃地訓練國內技工。對於高級科技之引進，需借用留駐外國、行將退休或剛退休的科技專家的經驗與智慧。

(5)增強貿易推展人才：爲了分散外銷市場，必須加強訓練能在歐洲、中南美、東南亞、中東，甚至非洲推廣貿易的人才。爲此除增強其語言訓練及推銷技術外，更要增加其對非洲當地的人文、社會、風俗習慣等方面的認識。

(6)繼續推動工業發展，必須兼顧環境保護：對於環境保護，應設定一個能爲大家所接受的條件，只要工業發展不逾越這個條件，應推動其發展，創造更多的就業機會。

對於上述六項，如果能貫徹實施，當會使臺灣保持中度的經濟成長。相信數年之內，中華民國必可臻於已開發國家之林，而且有更大的本錢，使三民主義統一大陸的宏願實現。

(原載於民國七十七年元月二十四日中央日報)

對大陸貿易的幻覺與觸覺

中國大陸可稱得上是「地大物博，人口眾多」。就地大物博而言，中國大陸的土地面積同美國差不多，而各種物產也夠豐富。撇開社會與政治條件不談，它代表發展潛力。中國大陸之人口眾多，絕非虛言。除中國大陸外，世界上再沒有一個國家的人口超過十億，這代表消費能力。一個既具有發展潛力，又具有消費能力的地區，當然會予國際生意人以幻覺：爭取這個地區，進而掌握這個地區，使其成爲自己的「禁臠」。

迷戀中國大陸市場

對於掌握中國大陸的資源，日本人已夢想一百多年了。在這一百年期間，曾對中國發動兩次戰爭，結果均鎩羽而歸。到了一九六〇年代，當日本人又從戰爭廢墟中站起來時，仍念念不忘中國大陸，而且想盡各種辦法，同佔據中國大陸的中共政權拉攏，到一九七〇年代，日本對大陸的商業活動，隨著與中共「建交」，更加活躍起來。美國人對中國大陸又何嘗不想染指？當年尼克森總統往訪中國大陸，打開中共對西方國家的門戶，原本也是著眼於經濟。在他的估算中，如果在中國大陸每人喝一瓶可樂，就會有十億瓶可樂可推銷。接著，美國與中共「建交」，美國商人到大陸去做生意的，可說不絕於途。自一九七九年，中共實施經濟改革以來，對外政策也有了較大的轉變。於是我們的兄弟之邦——韓國，對中國大陸也產生了濃厚的興趣。爲此，韓國已派遣大批的學生來臺學習華語，以備將來赴大陸開拓市場之用。數個韓國大企業的負責人差不多都曾去過中國大陸，探聽那邊的發展潛力和消費能力。「近水樓臺先得月」，韓國同中國大陸僅一水之隔，自然不會放棄這個發展的機會。對臺灣的業者而言，同中國大陸進行貿易已不止於幻想了。因爲大陸是自己的國土，同胞是自己的兄弟，日本人、美國人、韓國人既有機會去大陸開拓市場，爲什麼作爲一個中國人反而不能去呢？於是有少數業者敢冒「資匪」、「通敵」之風險，經第三世界，同中國大陸做起生意來。儘管三年前曾發生過「百吉發」倒閉事件，但近年來與大陸「暗通款曲」的業者愈來愈多，而且有明目張膽之勢。

探討大陸的發展潛力

站在不得「資匪」與「通敵」的觀點上，我們最好同大陸完全隔絕。但事實上，極不可能。像臺灣海峽就是一個防不勝防的海域。海峽兩岸的漁船交往頻繁，尤其自去年七月政府宣佈解除戒嚴以來，更是管不勝管。如眾所知，香港、日本、泰國和新加坡都是轉口的好地方。經過第三者，兩方就會使商品神不知，鬼不覺的交流起來。這種事實，在臺灣可說是見怪不怪。至於中國大陸是否為一塊具發展潛力的地區？也具備消費能力的地區？這是值得探討的根本問題。

首先就經濟功能上言，如果限制「資匪」、「通敵」確能致敵人於死命，或使敵人屈服，與敵人完全隔絕是絕對正確的。如果我們的努力毫無效果，而且又處在「資匪」與「資大陸同胞」、「通敵」與「通大陸親友」難以分辨的時候，我們的傳統戰略就值得重新檢討，免成具文。況且當我們仍以拓展對外貿易為經濟發展的主導力量時，眼見我們的競爭對手可以廉價購得大陸上的原料，生產成商品，使我們失去對這種商品的競爭力。當大陸同胞，經九年的經濟改革，農村經濟漸見起色，而人民購買力逐漸提高時，我們的競爭對手可以去開拓市場，出售他們的產品。作為臺灣的業者難免有「是可忍、孰不可忍」的感覺，乃是可理解的。

近年來，由於中共繼續其「經濟改革」，又儘量採行其「門戶開放」政策，無論外國商人或華僑莫不趨之若鶩，因而造成「北京道上，絡繹不絕」的現象。對於這種現象，我國應持什麼看法？政府的對策是什麼？業者的做法又是什麼？我們既不能掩耳盜鈴，視若無睹，也不能太過天眞，一廂情願。首先，我們不能忘記三民主義統一中國的使命。要完成這個使命，僅憑口號，無濟於事，必須有計畫、有步驟地去力行。在三民主義統一中國的大纛下，經濟反攻是條最自然而感化力最大的策略。我們希望大陸同胞能從了解我們富裕、安樂、自由的生活中，反省到大陸落後與貧窮的原因，從而確信私有財產制度和市場經濟是應追求的理念。如果大陸同胞皆有此理念，共產主義思想的毒素自然會獲得化解。我們總是相信，富裕自由的生活方式對共產主義是天然的絕緣體。

順應趨勢修改策略

爲順應這個趨勢，政府當局亟應修改其以往的策略與規章。對民間商業上的來往判爲「通敵」「資匪」的條例需加以修改或刪除。同時要協助業者作到下列數點：

㈠儘量提供業者所需要的各種資訊，包括大陸動態的經濟資訊和靜態的經濟資訊，以及各種工商法規。同時對於這些資訊與法規不僅要及時提供，也要細加研判，使其成爲具時效的有用參考。

㈡協助業者好好掌握香港這個碼頭，儘管香港有九七大限，但我們要在一九九七年以前，在香港紮下各方面發展的基礎。除非中共的復辟力量得勢，中共當局不會將香港變成一個死港，因為香港對大陸的價值太大，我們可以下這個賭注。對大陸而言，像香港這個港口，沒有任何其他港口可以取代。

㈢要重視進口大陸農產品及農產加工品對臺灣農業的衝擊。要減緩這個衝擊，我們必須確立我們的農業政策。今後，凡在臺灣曾發展過的農作物和養殖業，會很快地被移植到中國東南沿海。屆時這種衝擊會比美國農產品的進口還要大。對此，不能不及早研究，擬定出有效對策。

㈣對於與大陸進行貿易的業者，應宣導其登記，凡登記而符合某些規定者，政府應擔保其政治風險。例如規定業者將其產品銷售給大陸，其數量在一年之內不得超過其總產量的四分之一或三分之一，以防「百吉發事件」重演時，不致倒閉。

對企圖一試者提出忠告

對於欲從事與大陸貿易的業者，我們的忠告是：

㈠根據過去的經驗，中共的可靠度不大。雖然自一九八〇年以來，中共的信譽稍增，但對臺灣而言，風險性仍高，業者同外國人做生意，可以不管政治，但與大陸作生意，不能不考慮政治因素。對中共政權領導人物的更迭，必須密切注意。何況在未來十年之內，大陸上的主要工商業仍屬公營而非民營，也就是說，這種工商業要聽從共產黨的指揮。

㈡凡從事與大陸貿易的業者，絕不能以大陸爲主要市場，也不宜爲增加對大陸的貿易而作大量的投資。接受政府的規定，僅將生產的一部份用作對大陸的輸出。除非大陸的對外開放有了基礎，而從事貿易的業者爲民間而非官方。

㈢就目前的情況而言，不宜同大陸直接貿易，因爲若有任何糾紛發生，無雙方可接受的法規可循。在此情況，如屬對大陸輸出，受害的往往爲臺灣業者。爲此，宜利用外籍商人或華僑身分，同大陸進行貿易。

㈣凡銷售到大陸的商品，應保持「物美價廉」的信譽。忌用粗製濫造的東西，魚目混珠。在觀念上必須提醒自己，同大陸做生意賺錢固然重要，爭取大陸人心比賺錢更重要。如果臺灣產品在大陸同胞心目中留下好的印象，其所產生的效果就不僅限於分散市場之功了。

貿易是經濟反攻的前哨戰

時代在變，環境也在變。對大陸貿易本身是生意行爲，但它產生的作用則不限於生意。它會影響人們的經濟觀念，甚至政治意識，對我們而言，與其打一場流血而無把握的戰爭，不如打一場不流血而有相當把握的競爭。過去九年來，大陸的經濟確在改變，而且有逐漸遠離共產主義制度的傾向（儘管中共當局再三強調「四個堅持」）。今後，我們應站在引導與鼓勵的立場，而非譏刺與批判的立場，儘量從各方面，使大陸脫離中共無民主的政治統治，以及貧苦落後的經濟狀態。現在應該是積極發動經濟反攻的時機，而貿易反攻無疑是經濟反攻的前哨戰。

（原載民國七十七年四月十二日中央日報）

如何面對共產主義世界的蛻變

去夏以來，共產主義世界發生了驚天動地的變化。東歐的共產主義國家紛紛掀起民主與自由的浪潮，這與二次世界大戰結束後四年期間所發生的赤流滔滔、淹沒整個東歐的情況，成鮮明的對比。這一巨變不僅代表民主政治戰勝了獨裁政治，也代表自由經濟征服了統制經濟。面對這種巨變，我們應有的態度是什麼？我們應努力的方向又是什麼？

兩種制度對立四十年

人類自進入二十世紀以來，曾遭受兩種制度衝突所產生的災難與煎熬。這兩種制度即共產主義制度和資本主義制度。這兩種制度的對立，在戰後的四十年，達到了頂峰。兩方都想將對方埋葬，使自己成爲整個世界的主宰，因而冷戰、熱戰、武器競賽成爲過去四十年兩方關係的徵象。共產主義國家一心想赤化整個自由世界，利用滲透、顚覆、人民革命等手段，想使資本主義世界瓦解，而資本主義國家爲了防止被赤化，也整軍經武，儘量避免成爲被赤化的對象。可是，亞洲半數的國家，東歐的國家，甚至部分非洲國家和中美洲國家，都先後變爲共產主義國家，或淪爲蘇聯的附庸。當這些被共黨統治的國家在經歷數十年的浩刼之後，始發現共產主義社會不是無產階級的天堂，而資本主義社會卻使無產階級變爲有產階級，更重要的，在資本主義社會，社會福利制度可使一個人自搖籃到墳墓的生命過程中，無飢餓、無匱乏、無恐懼。人們擁有尊嚴、享有自由。所有新興工業化國家原本是被共產主義赤化的對象，卻因採行對外開放政策，鼓勵私人企業，尊重私有財產制度乃有了卓越的經濟發展的成果。

困獸之鬪萬不可忽視

經過四、五十年慘痛的教訓後，共產主義世界正在作劇烈的蛻變，這種蛻變是質的變化，即閉鎖的經濟改變爲開放的經濟，全部公有制改變爲局部公有制，市場經濟復活，逐漸取代控制經濟。這種蛻變首先發生在中國大陸，接著在蘇聯有了回應，然後又在東歐國家發生，並進而波及越南和葉門。經濟制度的質變又引起了政治制度的質變，那就是一黨獨裁的共產主義國家均受到嚴厲的挑戰，包括蘇聯本身、波羅的海東岸的三小國、東歐的共產主義國家，它們不但要求自主的權利，更要放棄共產主義。這種巨變固然是歷史發展的必然結果，但蘇聯領導人戈巴契夫的開明作風無疑是這一浪潮的最大鼓勵。不過，我們不能忽視的，當共產主義世界發生巨變時，既得利益階級爲了保障其既得權益，不會輕易接受這種改變，一定會作困獸之鬪；而且當一個國家被長期管制之後，一旦獲得自由，必然會產生劇烈的通貨膨脹現象，而行將失勢的既得利益階級必然藉此機會反撲，使這種蛻變胎死腹中。

自由世界應妥爲因應

面對共產主義世界發生的蛻變及其帶來的困局，自由世界的態度是什麼？袖手旁觀，任其自行發展？還是趁其經濟處於困境，興兵討伐，加速其瓦解？還是伸出援手，助其克服困難，增強其轉向自由經濟發展的信心？在第一種情況，如果共產主義國家在嘗試自由經濟過程中，因惡性通貨膨脹問題未獲解決，肇致國內保守力量的復辟，則會使這個國家重又回到原來的處境——處處管制、處處迫害。在這種情況下，東亞情勢又將緊張起來，大家又在備戰狀態下，過恐怖不安的日子。在第二種情況，資本主義出兵攻擊共產主義國家的機率也非常低，因爲在自由世界，除非自己的生命直接受到威脅，一般人民也不願冒生命的危險去進行攻擊性的戰鬪，而且勝負之數也很難預卜。至於第三種情況，那就是由資本主義國家協助共產主義國家解決其困難問題，使其順利地採行自由經濟制度和私有財產制度，使共產主義制度無形中瓦解，從地球上消失。

援助與開發共產國家

在共產主義世界，經濟的本質是廢除私有財產制度，政府嚴格控制人民的需求。一旦這種控制被取消，供不應求的現象必然產生。在經濟制度蛻變的初期階段，不合理的價格制度，久被扭曲的資源分配；無法使產品的供給滿足社會大眾的需求，尤其在對貨幣供給未作適當控制之情況下，通貨膨脹是難以避免的現象。對於這種困境，資本主義國家應通過貿易與投資的管道，協助其解決。在共產主義的國家，最嚴重的問題是基本生活所需要的物資不足。資本主義國家可以剩餘物資對其加以援助，就像第二次世界大戰結束之後，美國援助許多開發中國家一樣。國際性銀行組織對於這些國家的進口，可給予無息或低利率貸款，使其有能力獲得所需要的物資。許多共產主義國家多擁有某些天然資源，而這些天然資源或被閒置、或被錯誤利用，資本主義國家亦應以投資的方式，協助其開發，爲其人民提供就業機會，增加其所得，改善其生活。同時，一般的共產主義國家均缺乏現代化的管理技術，致對資源造成莫大的浪費而不知。資本主義國家應透過學術交流，合作訓練方式，協助其改善管理，提高其生產效率。

無論如何，當前共產主義世界的蛻變對整個人類的前途是有利的。它代表未來的世界是個和平的世界，未來的世界經濟將是市場經濟。它更代表共產主義制度實驗的徹底失敗，共黨專政的政治制度將會逐漸消失。對於這種轉變，自由世界的人民能不額手稱慶，能不伸出援手？

（原載民國七十九年元月二十五日聯合報）

第八部　經濟發展的社會衝擊

臺灣中小企業之處境及其發展之道

前言

中小企業之重要，不論在開發中國家或已開發國家，均獲得肯定。就以臺灣中小企業而言，它是臺灣經濟發展的功臣。臺灣經濟之所以有如此高度之成長，而成長之後，所得分配又如此的平均，中小企業扮演著極重要的角色。中小企業之重要地位，可從幾個統計數字得到印證：從企業數量上言，中小企業之數目佔全國企業的百分之九十五；其從業人員佔全國總就業人數的百分之七十以上；其生產量佔總生產量的百分之五十五。同時許多大型企業，在其發展過程中，也經常依賴中小企業的支援，如衛星工廠。但是今天臺灣中小企業的發展卻面臨了相當艱困的處境。中小企業如何肆應這個處境，仍能持續發展，是我們所關切的事。為此，我們先探討一下中小企業的國內與國外的處境，中小企業成長中的「結」是什麼，然後再探討中小企業發展的途徑。在這方面，政府方面要如何輔導中小企業的發展？中小企業銀行要扮演什麼樣的角色，而中小企業本身要如何自立自強？這些問題都要有適當的答案。

現階段中小企業的處境

目前我們所面臨的國際環境，主要的有二特徵，一爲國際競爭益趨激烈，一爲保護主義正在擡頭。而且對很多國家而言，國際競爭失敗，往往又是它們製造保護措施的藉口。兩者相激相盪，益使國際貿易前途更加坎坷。

在國際競爭方面，我們要競爭的對象，包括已開發國家，如英、美、日等國；新興工業化國家，如韓、新、港等國；開發中國家，如泰、馬、印尼等，還有共產黨國家（包括中國大陸）。而競爭成敗的因素主要靠產品的品質與價格，如果在品質上不能勝人，產品價格必須低廉；如果在產品價格上不能低廉，品質必須優良。在國際市場上能保持一席之地，必須兩者兼顧，即物美價廉。關係價格與品質的兩個主要因素爲工資水準和技術水準。如果工資水準高而技術水準低，其產品必定是價格高而品質低，像此種產品在國際競爭中，可說無獲勝的可能性。如果技術水準高，而工資水準低，其產品必定是品質高而價格低，以此產品進軍國際市場可說無往不利。技術水準高不僅是提高品質的重要條件，更是降低價格的重要條件。因此，要在國際競爭中獲勝，提高技術水準至爲重要；而提高技術水準，也是一國產業發展的方向。誠如眾所知，臺灣已不再是一個低工資的地區，既然低工資已不存在，只有賴技術水準的提升，否則，別無其他途徑可尋。可是我們的中小企業在這方面的表現非常令人失望。原因是我們的中小企業資金不足、規模太小，既無力從事研究與開發，亦無力引進外來技術，其所能利用的技術主要是附著於新機器的那點技術；如果所利用的機器是陳舊的，連那點技術也不存在了。

由於國際競爭日趨激烈，連許多已開發國家，在某些產業方面，也無法同舶來品競爭，於是這些產業日感不振。在保護夕陽工業和減少失業的理由之下，這些國家的政府便採取了提高關稅、限額、徵平衡稅、反傾銷等措施來限制進口。尤其，近年來，世界經濟不够景氣，益增國際間貿易上的競爭。至於要想在今天的國際市場上增加佔有率，那就更加困難。

再就國內情況而言，中小企業所面臨的競爭也較前激烈。尤其自去年夏天，政府宣佈要經濟自由化、國際化以來，由於降低關稅、減少進口限制已是必然趨勢，那些依賴保護成習的中小企業必須面對這一新的情勢，參與同外來力量的競爭。要想在與國外廠商競爭之下獲勝，中小企業在作法上必須改弦更張，否則，憑守舊的作風，不求進取的精神是難以生存的。最近兩年，美國麥當勞漢堡店、溫娣漢堡店之相繼登陸臺北，對傳統的中國熟食店就是一個新的衝擊，相信類似的衝擊，今後還會繼續增加。也就是說，今後臺灣的大門必然是開放的。在此情況，只有具競爭能力的產業，才有發展的餘地。

最近三、四年，國內消費者的逐漸覺醒，對中小企業而言，也是個大的衝擊。以往，大家可以將粗製濫造的產品供應社會大眾的需要。今後，在外來競爭下，消費者有了較多的選擇，他們可以拒絕購買不合要求的國產品，改買物美價廉的舶來品，甚至物美價高的舶來品。在這種情況下，有許多中小企業，若不力爭上游，勢必因被消費者的拋棄而遭淘汰。

除此，還有一種逐漸增長的社會力量，也增加了許多中小企業的困難，那就是社會大眾對生活環境品質的要求。過去工廠製造污染受不到懲罰，也受不到輿論的干預，今後，在社會大眾要求改變環境，改善生活品質的情況下，任何工廠如不具備消除污染的設備就難以存在。當然這是一種生產成本的負擔。過去尚可逃避這種負擔而讓社會來承擔，今後，必須由生產者來承受。今天的中小企業是處在內外夾擊的情況下圖生存、求發展，我們可以想像到中小企業前途險阻、舉步維艱。

中小企業成長中的「結」是什麼？

儘管在過去三十多年，中小企業對臺灣經濟發展作了相當大的貢獻，但今後爲了應付所面臨的內外困境，必須診斷出中小企業的缺點，爲其打開妨礙成長的「結」。

妨礙中小企業成長的「結」，包括下列諸方面：

(1)規模太小：由於「寧爲鷄口，不爲牛後」的傳統觀念在作祟，每個人都要立門戶、當老闆，致每個公司或工廠均過小，致達不到規模經濟的程度，它的生產成本也就達不到最低成本的界限。

(2)管理落後：大多數中小企業是家族型態，少數是合夥經營。在這種企業，往往由家庭成員組成一個管理網，由家長獨攬生產、採購、銷售、人事與財務的大權。他們大都缺乏現代化的管理觀念與技術。

(3)財務結構不良：對於資金之取得多付出較高的代價，因爲無完備之會計制度，致不易得到正常金融機構之融資。它們所需要的資金，除靠本身的儲蓄外，主要靠以高利息得來的黑市貸金，致成本負擔較重。爲減輕此負擔，它們多尋求逃稅的方式、或粗製濫造，作一次生意卽告關閉的方式。

(4)缺乏市場資訊：中小企業負責人多係生產部門出身，其產品多係傳統產品或由模仿而來，對未來市場需要及趨向之改變，往往一無所知，致所生產的產品，不是供給超過需求的產品，就是該產品已接近其生命週期的後期，極易遭受市場遺棄的下場。

⑸無力研究與開發：由於中小企業多屬獨資經營或合夥經營，其規模太小，而資金短缺，只能從事傳統性產品之生產，不能通過研究的途徑，改良產品或創新產品，致產品之供應在市場上易達飽和。

由於一般中小企業具備以上所列舉的「結」，它們在面臨國內外的競爭時，就格外吃力。爲了圖存，有些中小企業便採取了一些不正常的作法，諸如：

⑴惡性殺價：爲了爭取訂單，不惜以低於成本的價格爲之。同時爲了不致虧本，採取粗製濫造的方式，或魚目混珠的方式欺騙對方。當這些不實的貨運出之後，爲了逃避責任，故意停業，然後另起爐灶，致在國際市場上產生極爲惡劣的後果，使國家形象蒙辱。

⑵仿冒僞造：因爲無力從事研究與開發，又無市場佔有率，便採取模仿的方式，以假亂眞。結果使原生產者所開發的新產品無利可圖，爲國家的對外貿易關係也製造了很多糾紛。最近四、五年來中美貿易關係中，仿冒是個主要的爭論對象，仿冒僞造的現象同時也侵害了部分有創造性的國內產業，使其研究成果變成前功盡棄。

⑶粗製濫造：由於管理不妥，機器設備陳舊，又乏品質管制，致製造出的產品多不符合規格，成了濫貨廢品。這種產品在國際上已損傷了國家的名譽。譬如 MIT (Made in Taiwan）成了劣質品的代號了。

(4)製造污染：許多中小企業經營不够健全，它們爲了減低生產成本，多不關心所製造的污染有多大的危害，例如市郊的小工廠製造污水，使田地及河流均爲之污染，製造臭味黑煙，使空氣惡濁不堪。

(5)逃漏稅捐：爲了減輕生產成本，有不少中小企業是採取逃漏稅捐的途徑。逃漏稅捐是政府財政收入的減少，也是一般忠實納稅的社會大眾之賦稅負擔的加重。

以上這些作爲，在中小企業中，佔了相當大的比例。這些作爲既醜化了國家的形象，又製造了社會成本，更產生了社會不公平。

中小企業的發展之道

爲了使中小企業解開上面所述的「結」仍能繼續發展，需要政府的有力協助，需要中小企業銀行的積極輔導，更需要中小企業本身的自立自強。

(一)政府的協助範圍

對於中小企業之發展，政府的責任是利用有效的方式使其達到規模經濟的地步，對於由小而中，由中而大的企業，應給予賦稅上之減免或融資上的方便。政府應成立中小企業經營診斷的服務單位，協助其找出經營上的缺失。對於中小企業人才的訓練，可採用訓練費用抵稅的方式。引進技術是提高生產力重要的途徑，在這方面，需要政府工業技術研究部門的協助。在中小企業中，也不乏有創新的工廠，政府宜設立發展基金協助創新工廠的發展，在創新成功之前，由基金融資，創新成功後，再由創新公司歸還所使用之基金，如果創新失敗，也能得到風險上的分擔。對於市場資訊，國外運銷，政府的有關當局應協助爲之。例如增強外貿協會之功能，或加強有關研究機構之責任，爲中小企業提供國際市場資訊；對於國外運銷，政府應積極支持現代化貿易商的成立，使其負起這份責任。

㈡中小企業銀行的輔導方式

一般中小企業的財務結構多不健全，即多缺乏現代化的會計制度，由於會計制度未建立，它們便難以向合法銀行申請貸款，復由於不能由銀行貸款，便不得不求之於地下金融，以高利率取得所需要的資金。因爲所付之利息較高，便以逃漏稅的方式來彌補，或以粗製濫造的方式來逃避。這種不良的循環作用，必須澈底地加以改良。改良之任務最好假手於中小企業銀行來完成，同時也需要其他政府部門的法令規章來配合。中小企業銀行可根據有關部門對中小企業經營診斷之結果，協助其改善財務結構，使其走上健全的途徑。如果它們所發展的產業（產品）有前途，中小企業銀行即以融資爲條件，首先協助其建立會計制度，使其對成本與效益的觀念及計算有充分的了解與掌握。同時，爲使中小企業免於「跑下午三點半」的恐懼，投資性貸款期限應爲中期或長期，不應讓企業以短期貸款支持長期投資。對於中小企業，應建立信用評估等制度，並以電腦立案。對於經營正常，忠實納稅的廠商，不妨免除以抵押品爲貸款的必要條件。因爲今後的抵押品除土地之外均不可靠。

㈢中小企業之自立自強

如果中小企業不求自立自強，僅憑政府及銀行的輔助是不够的。在那種情況，輔助的結果很可能是：肥了少數人，害了國家，或者浪費了國家資源而於事無補。因此，中小企業之自立自強十分重要。所謂自立自強，下列諸項相當重要：

⑴要接受政府的中小企業經營診斷單位的服務。

⑵要建立會計制度，增強成本與效益觀念。

⑶要積極參與合作經營，或接受合併經營計畫，使生產達成規模經濟。

⑷要建立一套管理制度，聘請有才能與經驗的人任經理。

⑸要增強商業倫理，使利潤取之有道。

古今中外，要使一個企業增大、變強，必須要有一套制度，然後在這套制度之下，聘用有才能的人，有效的運用資金與人力從事生產，掌握最新資訊，最捷途徑，從事運銷。

結語

中小企業是臺灣經濟發展的基石，而今天這個基石正面臨了國內、國外的衝擊，要使這個基石屹立不動，成爲中流砥柱，政府當局應採取有效的政策，建立一個優良的經濟環境，有計畫的協助中小企業達成規模經濟的經營。中小企業銀行，應以現代化銀行的經營方式，輔導中小企業健全發展。最重要的，還是要靠中小企業自己。它們必須自立自強，唯能自立自強，政府的協助與銀行的輔導才會產生正面的效果，而中小企業也才能在國內外激烈競爭的環境下持續成長，爲臺灣的經濟發展繼續貢獻力量。

（原載民國七十四年十一月「企銀報導」第三卷第十期）

經濟轉型期的家庭關係

高度經濟成長的結果會使一個社會由以農業爲主轉變爲以工業爲主，由閉塞轉變爲開放，由貧窮轉變爲富裕。這些轉變會爲這個社會帶來多方面的衝擊，而首當其衝的，則爲家庭關係的演變。因爲在一個工業社會，大家庭制度會解體，而小家庭制度會流行起來。在一個開放的社會，西方的風尚會逐漸取代傳統的習俗。在一個富裕的社會，一般人民生活水準固被提高，但富裕也會改變價值觀念，甚至腐蝕人心，使家庭支離破碎。其實，這些衝擊的最後效果是利還是不利，主要看這個社會的接納態度，及人們的適應能力。

最近三十多年來，臺灣曾表現了持續性的高度成長，而這種高度經濟成長正也產生了以上所說的幾種表徵。

家庭是社會的構成單位。近年來，不斷接受經濟成長的衝擊，確是個極爲明顯的事實。經過繼續不斷的衝擊之後，我們發現在臺灣一般的家庭關係也逐漸發生了變化，而且有兩股力量是使家庭關係發生根本變化的主要原因，那就是教育的普及與其水準的提高，富裕生活所產生的後遺症。

教育的普及與其水準的提高

在臺灣經濟快速的發展過程之中，最明顯的現象乃一般家庭的成員都受了相當高的教育，而且教育水準還繼續地在提高。一般中等所得的家庭都有能力將子女送進大專院校去讀書，更有不少家庭將子女送到國外去深造。我們知道教育所產生的影響是不可限量的，它可以提高人們的謀生能力，更可增強人們的獨立能力。由於家庭成員具有這種力量，家庭組織及其關係也就很容易發生變化，最顯著的現象則爲：⑴大家庭制度的沒落：由於教育水準的提高，個人謀生能力大爲增強。隨著社會與經濟情況的變遷，人口流動率增加，子女遠離父母到遠方工作習以爲常，於是五代同堂的現象固成爲歷史陳跡，而三代同堂的現象也逐漸減少。⑵農村老化現象的出現：由於農村工資較工業區和城市區爲低，而就業機會也較少，不少國中畢業的學生不願留在農村跟從父兄種田，有的繼續升學，學習更多的現代知識；有的則離鄉背井，跑到工業區或城市謀職。這種現象已形成了一種風氣，迫使農村人口加速老化。農村人口老化結果，至少在短期，對農業生產是不利的。⑶教育水準提高後，男女都有相同的發展機會。在婦女無知的時代，她們的活動半徑很小，而且須依靠男人爲生。但當她們接受高等教育之後，她們有建立自己事業的機會，也有發揮自己潛力的地方。因此，幾種衍生的現象便發生了。譬如有不少婦女認爲結婚生子不是人生的唯一目的，有些事業心強的婦女尚認爲結婚生子是種麻煩，也是種負擔。這不像二、三十年前那個時代，結婚是爲了找個飯碗，找個依靠。同時在傳統的觀念中，生兒育女是爲了養老，學者們稱其爲長期投資。在農業社會，一個家庭長期固定在一塊土地上，這種投資的風險性很低；現在，由於人口流動性大，這種投資的風險也就愈來愈大了，因爲子女長大後，遠在異邦，成家立業，他們照顧自己的兒女尚有不及，遑論反哺——奉養自己的父母。也有不少家庭，夫妻同受高等教育，各有自己的理想工作，因係小家庭，無上一代在家分勞，他們的下一代往往變成「鑰匙兒童」，每日在放學之後，返家見不到父母，只有靠冰箱的食物和電視中的節目打發孤單的時間。此種現象固可使兒童從小養成獨立的性格，但也因照顧不周，有少數兒童的性格得不到正常的發展。

富裕生活所產生的後遺症

一個家庭富裕之後，是否會爲自己或後代帶來更多的幸福？答案不完全是肯定的。有些家庭富裕之後，就產生了「飽暖思淫」的現象。也就是說，待衣食住行獲得滿足之後，人們又會追求性的滿足。在西方社會已有性泛濫的現象，男女同居，不必結婚；同性戀者尚不知恥，還要求合法地位。在臺灣，已經出現色情場所無處不在的現象，像各式各樣的理髮店、按摩院、休閒中心等之到處設立。不少男女沉緬於酒色，結果家庭成爲夫妻爭吵的場地，離婚率每年都在提高。而且對某些行業而言，夫妻不離婚才是新聞。

也有些家庭，生活富裕之後，雖然自己仍克勤克儉，但對下一代的愛護無微不至，而且到了予取予求的地步。他們的下一代在嬌生慣養的環境中成長，對應付外界的能力相當的差。一旦父母因故斷絕金錢供給，這些揮霍成性的下一代便會鋌而走險，成爲作奸犯科的預備隊。

在富裕生活中成長的子女也容易成爲反傳統的一輩。在家庭中，指責父母爲頑固；在社會中，批評傳統爲落伍。他們喜歡標新立異，自樹一幟。一九六〇年代後半期，在美國就曾發生這種現象。許多年輕人既不滿意當時的政府，也不滿意自己的父母，於是他們中，一部份要革「傳統」的命，一部份要皈依大自然，成爲嬉皮。前者成了社會的破壞者，後者成了社會的寄生蟲。美國費了將近十年的時間，才將這些步入歧途的年輕人導向傳統的主流中。臺灣能否避免這種現象的發生，已成爲有識者擔心的社會問題。

以上這些現象主要是快速經濟成長所衍生出來的。面對這些現象，我們勿需怨尤，因爲這是工業社會、開放社會和富裕社會難以避免的現象；我們更不應逃避，而是要面對它。未雨綢繆是上策；如未能事先預防，就應速加研究，並謀求適當的解決之道。

面對農村大家庭的沒落，我們有無解決途徑？問題在於我們有無辦法使農村吸引更多的都市人口回流？如果我們使農村建設除生產外，也朝向「休閒」的功能著想，那麼，我們應設法美化農村，使農村不僅成爲自己子女假日休閒的去處，也使非農村長大的人們於假日有分享農村安靜之樂和農村純樸之美的機會，從而增加了農村的收入。

對於兒童的照顧，也應有些辦法可以採行。我們應多多設立設備完善的育幼園，以解決母親工作時無法撫育子女的困難。同時，我們對國民住宅的分配方式也應有所改變。到目前爲止，我們的國民住宅政策既不鼓勵大家庭的存在，也不准許一個家庭可購買兩個單位以上的住宅。如果我們准許凡有父母可奉養的家庭可在同一座建築中購買兩個單位的住宅，這樣，對於「鑰匙兒童」現象也會減少很多，因爲在同一幢國民住宅中，可有年長的上一代協助照顧下一代，同時年長的上一代，在需要照顧時，也可獲兒女的就近照料。

現在不少能力強、事業心重的婦女不願在三十五歲之內結婚。十多年前，這種現象曾發生在美國，經調查發現，現在那些四、五十歲的職業婦女多後悔當初決定之不當。這種經驗對我們應有「他山之石」之效果。在大學時代，應鼓勵男女學生交往，並爲他們提供較多的交往機會。

對於子女，做父母的，身教重於言教。對於子女的意見，不應採完全否定的態度，凡不合理的，應用適當的理由去說服。我們知道順勢誘導勝過壓抑與懲罰。尤其對於十五歲至二十歲的年輕人，應給他們發洩力氣的地方。對於學校教育，在國中以下階段，必須加強其生活與倫理教育，使他們瞭解享權利必須盡義務；要重視責任，更要崇尚對社會的回饋。改變敗壞之社會風氣，必須從基本教育著手。

我們必須承認人類的劣根性。不應將人人看成柳下惠，皆能擺脫色情的誘惑。對於色情場所，應設立專區並予開放，使合資格的成年人，在需要時，能得到滿足。對於文化活動，應加強音樂、舞蹈、體育及美術等的活動。對於既可消磨時間，又有益身心的社會活動，更應大力提倡與推廣。

總之，當我們面對家庭關係的不斷演變時，必須冷靜地探討其原因和其影響。重要的是：我們要擷取西方國家處理這類問題的經驗，更要從我們自己社會與文化的觀點，找出最適當的解決途徑。

（原載民國七十五年六月「吾愛吾家」月刊九十期）

推行全民保險的立足點

近年來，國內有不少人主張推行全民保險；部份學者、民意代表也認爲一個大有爲的政府應儘早推行全民保險制度，而執政當局在國人期望與自許之下，也在著手研擬全民保險制度的實施。由於任何新創制度的推行都會有不同程度的利害與得失，在推行全民保險之前，必須縝密考慮，妥善規劃，不宜匆匆草擬後，即貿然實施，因爲它對整個社會產生的影響太大而且深遠。

首先要釐清的一個觀念是：推行全民保險的立足點在那裏？爲了回答這個問題，必須先搞清楚全民保險與社會救濟之分野，推行全民保險的先決條件，以及推行全民保險的配合措施。如果我們忽略這些問題，推行全民保險制度會有「水底撈月」之後果。

在經濟發展過程中，一個有作爲的政府首先要做的，是先清除社會上的貧窮現象，救助那些或因無力工作，或因災難、家庭變故而致生活陷於困境的家庭或個人。這就是何以社會救濟成爲施政中一項重要措施的原因。政府推行社會救濟工作，主要是運用稅捐，卽政府從富者的手中，取得部份所得，然後再分配給那些需要救助的貧者，使其也能滿足最起碼的生活需求，以免於飢餓與受凍之苦。從社會觀點，這是維持社會安寧與人類和諧的基本力量；從人道觀點，這是「人溺己溺，人飢己飢」精神的發揚。在過去，社會救濟是善心人的義舉；在今天，則是政府責無旁貸的事。

「全民保險」與「社會救濟」，在本質上並不相同。保險的目的是防患於未然，用多數人的力量分擔個人的風險。事實上，風險的分擔不過是個人長期償付的累積而已。目前，一般人對於所主張的全民保險，顯然有兩種不同的理解：

㈠每一位社會成員都要爲他個人的健康保險。爲了保險，個人必須自付保險費，然後由其自己享受風險分擔的成果。因爲這種保險是個人行爲，須取決於個人的意願與選擇。在這一理解下，要全體國民都辦保險，全民保險就具有了強制性。

㈡由政府爲全體國民辦理健康保險，而保險費是由政府的經費支應。但政府的經費主要來自稅收。這就是說，由政府向有能力納稅的人，課徵更多的稅，爲不納稅的人（或納稅很少的人）辦保險。就這一行爲而言，是公平？是正義？皆值得商榷。

站在社會主義觀點，富人照顧窮人，乃係天經地義的事。在一般的資本主義社會，有錢的人的確也在照顧貧窮的人。但是困難的問題的是，如何去辨識誰是眞正的窮人。強令有錢而納稅的人爲不納稅的人辦保險，就是認定凡不納稅的人（或納稅很少的人）都是窮人。在邏輯上，這是通的。但是事實上，凡不納稅（或納稅很少）的人也包括了逃稅、漏稅的人，以及不事生產的人，窮人只是不納稅的人中之一部份而已。

有人指出公務人員有公保，勞工有勞保，農民也有農保，爲什麼其他行業（包括無業）的人沒有保險？問題是由誰來負擔保險費。關於公務人員的公保費用，表面上，保險費的百分之三十五由個人負擔，其餘由政府負擔。實際上，政府所負擔的部份原本屬於公務人員，只不過在程序上由政府先扣下，然後再付出而已，正如勞保，保險費的百分之二十由勞工個人負擔，其餘由雇主負擔，而雇主負擔的部份也不是雇主的額外施捨，而是原應付給勞工的工資，由雇主先保留，然後再付出罷了。至於農保，照條例，農民負擔保險費的百分之五十，其餘由政府負擔，也就是由全國納稅的人負擔。這種保險類似社會救濟，儘管所有農民並非皆爲窮人。如果社會上未被保險的大眾也辦保險，那麼所需要保險費用如何分攤呢？個人也分擔一部份，還是全由政府來負擔？如果全由政府來負擔，那就是說，由納稅的人爲不納稅的人來負擔。在任何社會上，總會有不少人好逸惡勞，不事生產；也總會有些人投機取巧，專圖享受社會福利而不作任何貢獻。況且在我們的社會，經常交納稅的人總是那些固定薪資而有會計可考的人。他們多不是社會上最富有的人，但他們卻是社會上賦稅負擔最重的人。

全民保險就是一種社會福利措施。如果一個國家在「社會救濟」上做得不够好，希望全社會都得到救濟，其可行性不無疑問。同時，如果賦稅制度不合理，繳納稅的人主要爲固定薪資的人，而不包括眞正的高所得階層以及享有暴利的人，推行全民保險的前提，乃是使原有納稅的人稅負倍增。增稅的結果可能使需要救助的人得到了救助，也可能使不應救助的人得到了揮霍的財源，更可能使納稅的人怨聲載道，也想辦法逃稅、漏稅，甚至甘願變成受救濟的窮人。

無論如何，要推行全民保險，在程序上，必須先做好下列幾件事情：

㈠將「社會救濟」做得令人滿意，使社會上不再有爲生活所困的人。因爲「社會救濟」的對象只限於社會上的少數人，如果對這一措施都做得令人失望，那就不可能推廣到具全民救濟性質的全民保險。

㈡使賦稅制度健全而稅負合理而公平。鼓勵或強制不納稅的人交稅，使逃稅或漏稅的現象減至最低程度。如果仍然囿限於目前這個局面，原有納稅的人爲推行全民保險，勢必加倍付稅。此一措施是否可行？值得懷疑。

㈢在推行全民保險之前，先嘗試公保及勞保的對象包括應扶養的家人。如果能做到這一點，將爲全民保險制度奠定一良好基礎。

㈣爲配合全民保險制度的推行，必須有計劃地將醫療體系建立起來，使健康保險的品質維持一定的水準。如果罔顧上述條件，貿然推行全民保險，那將是一件十分冒險的事情，因它缺乏堅實的立足點。

（原載民國七十七年十月八日自立晚報）

倘若股價繼續狂飆下去

今天臺灣股票市場的變化已超出一般學理之外，故我們不宜再用一般的學理去解釋爲何股價是如此的狂飆？學理告訴我們，決定股票價格有三個重要因素：一爲發行股票公司的盈利程度，盈利程度大，股價上漲的幅度會大；二爲發行股票公司所經營的企業之發展潛力，亦卽企業之發展潛力愈大，股價繼續上漲之可能性愈大；三爲一般的經濟情勢，亦卽一般經濟情勢看好，股價上漲之可能性會愈大。可是近三年以來，臺灣股票價格之波動似乎與這三個因素完全脫離了關係。如果發行股票的公司是一個放風箏的人，今天股價已成了斷線的風箏，在天空中飛翔。它的飛翔已與公司的營運好壞不再相關，也與該公司所發展的產業前途無關，更與一般經濟情勢之盛衰無關。這就是今日臺灣股市的寫眞。

股價狂漲失常

有人說，股價繼續狂漲完全是股票供需關係嚴重失衡所產生的現象。也就是說，公司上市的股票太少，而需要買賣股票的人太多，致形成股票的供不應求，導致股價的不斷上漲。這種解釋有部份是對的，有部份並不完全正確。

股票可視作一種可自由買賣的商品。商品的品質有好有壞。按常理，品質壞的商品，即使價格再低，鮮有人問津；對於品質好的商品，即使價格再高，也會有人購取。今天臺灣股票市場的情況乃：不論股票品質之好壞，全受「投資人」之喜愛，而且認爲是「奇貨」可居。於是，許多對股票知識毫無的人，也終日跑進股票市場碰運氣。在股票市場，只有極少數有經驗的人，賺取某一數額後，就會洗手不幹，但絕大部分的人，會繼續「炒」下去。因爲只要股票價格不斷上漲，就會有賺頭，每日的收益率多在百分之一到五之間。牟利速度之快爲其他生產活動所不及。於是炒股票的人潮愈來愈洶，也愈來愈湧，從而使股價指數由七十七年元月間的二千三百多點漲到九月二十三日的八千六百多點，中間經過將近二十天的暴跌，然後又繼續上漲，一直漲到七十八年六月中旬的一萬多點。

地下投資公司是股價狂飆的主力

臺灣的股價狂飆與臺灣經濟繁榮程度並沒有多大關聯，倒是與地下投資公司之活動密切相關。民國七十七年，臺灣的經濟成長率比七十六年降低四個百分點，七十六年，股價指數曾從一千點漲到四千七百多點，然後又下降到二千點；七十七年股價卻由二千三百多點曾漲到八千七百多點。使股價不斷上升的力量主要爲地下投資公司。一般地下投資公司吸收民間資金所付之利息，多在月息百分之四到百分之八之間。對於如此高的利息，在當前的經濟活動中沒有一種行業會有高達百分之四十八以上的利潤率，惟炒股票是唯一可獲超過百分之一百利潤率的行業。只要股價不斷上升，地下投資公司就有利可賺，也有本錢可償付百分之四十八以上的利息率。於是，地下投資公司在過去三年中如雨後春筍一樣在迅速增加，而它們所付的利息也節節上升。同時，股票交易量每日高達一千億元以上，股價更如脫韁之馬，失去了控制。參與股票買賣的人口，也在二百五十萬人以上，這也就是說，每一百人之中，就有十二、十三人從事股票買賣。其影響之廣，可以想見。

股價狂飆產生的現象

年來，不少人爲股價狂飆現象感到憂慮，因爲它已對臺灣社會產生了一些反常現象；而這些反常現象正像癌一樣，腐蝕著這個社會的生機。

㈠許多工人離開工廠，跑到股市去炒股票，致不少產業的勞工有短缺現象，使公司無法及時交貨。由於勞工短缺，工資迅速提升，但勞動生產力卻未提升，致出口競爭力降低。這也是出口不振的一個重要原因。

㈡工廠老闆歇業：由於雇工困難，競爭力弱，他們感到去股市買賣股票比開工廠賺錢，而且也不要交稅。因此，不少中小企業的老闆寧願讓工廠停工，也不願放棄到股市撈一筆的年頭。

㈢教師不安於教課：不少學校教師也投身於股市，每日上午無心授課，利用每分鐘的時間去聽股市廣播。

㈣公務員無心公務：有些公務員打完上班卡之後，再跑去證券市場，或者邊聽股市行情邊辦公。在此情況下，不荒疏公務者幾希。

㈤銀行人員跳槽風盛：由於證券公司迅速增加，招募適當之人才不易，於是他們到銀行挖角，由於薪水、獎金均付得高，不少銀行的人員率隊加入證券公司工作，使這些銀行頓時措手不及，無法正常營運。

㈥家庭主婦也不安於室：由於股價不斷上漲，獲利多而快，不少家庭主婦因嚐其甜頭，多不安於理家工作，竟日跑股市者甚多。

甚至私人診所的醫生也縮短看病的時間，即每日上午跑股市，下午方看病。也有不少大專學生參與股市活動，且樂此不疲。

股價繼續狂飆的後果

如果股價以最近兩年的速度狂飆下去，臺灣經濟還會繁榮如昔?臺灣社會會變成什麼樣的社會?理論上，固找不到有關股價狂飆會使一國致富的線索；歷史上，也找不到股價狂飆會是維持一個社會安定的先例。我們不難想像到；如果股價繼續狂飆下去，必將導致下列結果：

㈠臺灣股市不再是投資之處，而是投機者逐利之地。

㈡臺灣的製造業必將加快衰萎下去，因爲在機器間作業較在股市賺錢辛勞，很多勞工會繼續由製造業轉到股市，因此而造成的勞工流失會使工資呈不應有的提高，從而使製造業喪失出口競爭力，導致該業的沒落。

㈢炒股票賺大錢的人，固會使社會財富過度集中，也會使財富作不當的運用。有的用來炒房地產的本錢，使房地產價格不斷上漲。其結果是：一般中產階層一生所得買不起三十坪大的房子居住。也有的會花天酒地，揮霍無度，導致色情行業氾濫、社會風氣敗壞。

㈣由於炒股票賺大錢的人並不繳納交易所得稅（他們會利用各種方式規避），讓稅負全落在固定薪資階層身上，這不僅是稅負的不公平，也是造成所得分配更加不均。

更令人躭心的，由於股價上漲速度過快，且無堅實的基礎，任何「利空」的風吹草動，都會引發股市的崩盤。譬如說，如果地下投資公司的活動受到法規的嚴格限制，它就會直接影響股價的變動，而且變動幅度會很大。一旦股市崩盤，在西方國家，炒股票失敗的人，在傾家蕩產之後，也許會默默的去天堂；在臺灣，他們會走上街頭，要求政府救濟，到那時，臺灣社會會變成什麼局面？

無人會同情或救助「股市難民」

今天臺灣的社會已演變成一個唯利是圖的社會，而且到了「利之所在，六親不認」的境界。在股價不斷的狂飆中，不少已獲利的人如狂如癲，不少想獲利的人隨著股價指數的起伏終日心神不安。對這一社會現象，我們感到萬分的焦急與不安。儘管暮鼓晨鐘的警告對很多人已不起作用，儘管連政府有關當局對股市活動噤若寒蟬，不敢干預，但是參與股市活動的人應該清醒、自制。世界上不會有人同情或救助「股市難民」。

（原載民國七十八年七月十三日中央日報）

報業與經濟發展

經濟發展的成果固爲報業提供了發展的沃土，而報業的發展亦爲社會大衆提供了國內外資訊，增加人們對所處環境的了解：介紹各種新知，提高人們適應社會變遷的能力：提出處理重要問題的觀點，擴大各業決策者的視野。

臺灣經過四十年的慘淡經營，與辛勤耕耘，不僅創造了高度的經濟成長，也產生了較平均的所得分配。這種富且均的社會環境使大衆傳播事業得到蓬勃發展的機會，而作爲大衆傳播主要工具的報業更有了長足的進步。由於有關當局慮及報業具有秩序的發展及紙張的供應問題，曾對報館的新設，報紙篇幅的增加，作了嚴格的限制，致形成登廣告要排隊等候的現象。惟至今（七十六）年七月十五日起，政府宣布解除戒嚴法，另訂國安法；解除外匯管制，加速經濟自由化；同時對報業的限制，也將於明（七十七）年春解除。這些措施的宣布使一般人對報業有了更美好的遠景。

工商業發達對報業的影響

如衆所知，臺灣已由農業爲主的經濟進展而以工商爲主的經濟。在工商業社會，各業活動頻繁，人們對資訊的需要程度增高，所以報業的發展受到很大的鼓舞。工商業發達後，它對報業產生了下列效果：

㈠社會大衆的所得水準提高，購買力增加，而訂購報紙的費用在所得中佔極小的百分數。一般家庭多訂購一份家人最喜愛的報紙，中產以上的家庭往往訂閱數種報紙，以滿足家人不同的需要。

㈡隨著所得水準的提高，國民的教育水準也普遍提高。受過中等教育以上的人對報紙有較大的需要。在臺灣，目前受過高等教育的人，在六歲以上的總人口中，已佔百分之九。報紙對他們不僅提供各種消息，也提供一些趣味性的報導，這些消息及報導可滿足一般人的好奇心，爲人生添增不少樂趣。

㈢廣告收入成爲報館收入最重要的來源：在一個貧窮的社會，報紙的發行靠訂戶的多少。訂戶多、則收入多。最近二十年來，由訂戶來的收入所佔總收入的比例愈來愈小，由廣告收入所佔比例則愈來愈大，這一事實的演變已形成一個局面，卽每多發一份報紙會多虧空一份報紙的價錢。這是不是暗示報館應因此而減少發行份數呢？答案是否定的。發行份數愈多，廣告的收入也就愈多。減少發行份數，表示這種報紙已無銷路。在這種情況，工商業者便不會再在這種報紙刊登廣告。近年來，臺北市的幾家大報館，幾全靠廣告收入來支持。由於工商業的發達，廣告量大增，而這幾家報紙的版面有限，致形成登廣告要排隊等候，擇版面要找關係還要多花錢。

㈣工商消息與娛樂消息受歡迎的程度愈來愈大。工商業的社會，一般人對經濟變動，商業活動的興趣大，因爲它們關係到業者決策的選擇，也關係到牟利或虧本。同時在一般人富有之後，對娛樂性的消息，風光的畫面，時髦的服飾較感興趣。這也就是何以娛樂版愈來愈受歡迎的道理。

報業發展後的衝擊

經濟的高度發展助長了報業的發展，而報業的發展又對社會、經濟、政治、文化等方面都產生很大的影響。有些是好的也有些是壞的。單就對經濟發展的影響而言，較重要的有下列諸項：

㈠提供最快而翔實的資訊：由於電訊的突飛猛進，世界各地所發生的事情，都可在二十四小時，傳播到讀者面前，由於有些資訊足以使一個產業盛或衰，或一個公司存或亡，如能及早知悉，就會有綢繆的機會，肆應的餘地。

㈡介紹各種新知：吸引讀者，滿足讀者的需求，是增加報紙銷路最重要的因素。爲此，報紙上所介紹的知識往往是最新的知識。由於報紙流傳廣，閱讀面大，任何新知都會很快的到達讀者面前。在一個繁忙的工商業社會，很多人的新知主要是來自報紙。

㈢發掘社會上最重要的問題：有很多重要的問題是經記者發掘出來的。經過他們的分析與報導，可使讀者有來龍去脈的了解。而且在各種傳播工具中，要作詳盡而有留存性的報導，仍需依賴報紙。

報紙解限後的可能發展

多年來，臺灣的報紙受到兩種限制：一種是報館數目的限制，一種是報紙版面的限制。一旦報紙開禁，這兩種限制都會被解除。先就報紙版面而言，如果報紙張數不受限制，我們可以想像到，很多報紙一定會儘量擴充版面。首先是廣告版會增多，字體也會增大，登廣告要排隊的現象也會消失。然後是專業報導版面的擴充，像體育版，消費者版，證券市場版，藝術版等，將會像雨後春筍一樣呈現在讀者面前，讓他們選擇、分享其中的樂趣。再就報館家數而言，許多有雄心的企業家，以及有興趣的文化界人士，也會躍躍欲試，創辦一種或數種報紙，分享經濟繁榮的成果。我們可想像到，屆時將會出現類似「春秋戰國」一樣的局面，互相競爭，也會互相廝殺。問題是：這些報紙能存在下去嗎？它們競爭的局面當然是「優勝劣敗」，最後以「適者生存，不適者滅亡」收場。目前存在的幾家大報館，由於多年來經營的基礎已固，財力既雄厚，人力也充實。新設立的報館要與其分享一杯羹，並不容易：

㈠大報館增加版面的邊際成本並不大，但新創報館之平均成本會很大，因爲大報館尚可利用印刷設備從事其他文化事業。面臨此種情勢，小報館想異軍突起，攻城略地，並非易事。我們看看西方報業的發展，也可得到些啟示。像在美國，二十年前，無論國富或國勢，可說傲視世界，因此，創辦報館，並不困難，一定會有很多報紙出現，但事實上並不然，因爲在激烈的競爭下，新設立的報館更不易存在。

㈡由於新設報館的增加以及版面的擴充，在初期對報紙新聞人員的需要會有較大幅度的增加，因此，報業工作人員之待遇也會因此而提高。同時，報業間的挖角現象也會經常發生。由於報業間有了激烈的競爭，有不少經營欠佳的公營報紙也會因此而被淘汰。

今後報業應努力的方向

今後更多的報紙係由民間經營。但不能忽略的，即報紙是社會的公器，報導的角度及立場均會影響聽眾的取向。由於報禁解除，報紙及版面增多，對有見識的讀者而言，在訂閱時，會有更多的選擇。爲了應付今後的局面，報業應作如下的努力：

㈠發掘更有價值的新聞：社會上有很多重要的問題待發掘：但是要想迅速發掘這些問題，要靠記者所具有的知覺、視覺和感覺，因此記者必須有豐富的學識和銳利的觀察力。

㈡報導態度要公正：報導新聞要不扭曲事實，不掩飾眞相。要翔實而客觀，爲讀者提供眞實的資訊。

㈢評論與報導要分開：報導新聞要客觀，但評論問題難免主觀。報導時，不予讀者以任何評論的意見；在評論時，不揭露人私，不洩露機密，不誹謗他人，不譁眾取寵，要對讀者負責，更對社會負責。

㈣廣告刊載要有取捨：凡誨淫誨盜的廣告，有害健康的醫藥廣告，誇大事實，欺騙讀者的廣告，均應拒絕刊登。

㈤增加專門問題的分析：對於當前的重要問題，應請專家作深入淺出的說明，使讀者有更淸楚的了解。

㈥開闢前瞻性的專欄：要探討今後可能發生的重要問題，包括人文社會和自然科學。在人文社會方面，要重視西方社會所曾發生過的問題及其解決之道，如青少年問題，環境污染問題，家庭結構變遷問題等。在自然科學方面要重視未來科學的發展，以增強社會大眾適應變遷的能力。

（原載民國七十六年十月二日中國時報）

三民叢刊1

邁向已開發國家

孫震 著

邁向已開發國家的過程中，先是追求成長與富裕，但富裕之後，仍有很多我們要追求的目標。作者孫震博士，曾參與臺灣發展的規畫，也對臺灣邁向已開發國家的前景充滿信心；但除了經濟上的成就外，作者更關心的是新時代來臨後的羣己問題、教育問題，正如這幾年來他所持續宣揚的——更重要的是邁向一個「富而好禮的社會。」

三民叢刊2

經濟發展啓示錄

于宗先 著

在多年的高度發展以後，臺灣的經濟也併隨產生了許多問題；諸如經濟自由化的落實、勞資雙方的爭議、產業科技的轉型、投機風氣的熾盛等等，都是目前迫切的課題，本書作者于宗先先生，以其經濟學者的關心，對這些問題提出其專業上的看法。而這些討論，將更能爲臺灣進一步的發展提供可貴的啟示。

三民叢刊3

中國文學講話

王更生 著

從「關關雎鳩、在河之洲」開始，中國文學匯流成波瀾萬千，美不勝收的滄海。

坊間介紹中國文學流變的書籍很多，但大多以政治朝代分期，無視於文學本身一貫的生命，而把文學以政治分期的手術刀隨意支解；本書突破以往陳陳相因的格式，採以文學體裁爲基據的敍述方式，將各種文體的流變以一氣呵成的方式介紹給讀者。以使讀者有遊目騁懷之快，也更能掌握中國文學整體的生命。

三民叢刊10

在我們的時代

周志文　著

「在我們的時代，希望很容易幻滅，但在一段沮喪過後，逃逸了的希望又常常不期然地像雨後的彩虹一般的在遠方出現。」

本書收集作者兩年來在中時晚報所發表的時事短評，針對的人、事雖各有不同，但所抱持的理念是一致的，那就是一個人文學者對現世的關懷與對未來猶不死滅的希望。

作者以洗鍊的文筆，犀利的剖開事件上層層的迷障，讓我們得以見到更深刻的事實和理念。

國立中央圖書館出版品預行編目資料

經濟發展啓示錄／于宗先著。--初版。--
臺北市：三民，民79
面；　　公分--(三民叢刊;2)
ISBN 957-14-0063-7 (平裝)
1.經濟—論文，講詞等
2.經濟發展—臺灣—論文，講詞等
550.7

著　者 于宗先
發行人 劉振强
出版者 三民書局股份有限公司
印刷所 三民書局股份有限公司
地址／臺北市重慶南路一段六十一號
郵撥／〇〇〇九九九八一五號
初　版 中華民國七十九年七月
編　號 S 55168
基本定價 肆元肆角肆分
行政院新聞局登記證局版臺業字第〇二〇〇號

ISBN 957-14-0063-7(平裝)

經濟發展啓示錄
編號 S 55168
三民書局